MARCO ⊕ POLO

Reisen mit Insider Tipps

BODENSEE

(Karte: Hessen, Wiesbaden, Frankfurt a.M., Main, Mainz, Rheinland-Pfalz, Saarland, Saarbrücken, FRANKREICH, Neckar, Stuttgart, Bayern, Baden-Württemberg, Rhein, Donau, München, Bodensee, Konstanz, SCHWEIZ, A., LIECHT.)

MARCO POLO Autoren
Frank van Bebber, Martina Keller-Ullrich

Martina Keller-Ullrich ist in Konstanz geboren. Sie arbeitet als Redakteurin bei der schweizerischen Nachrichtenagentur SDA und lebt mit ihrer Familie am Bodensee.

Frank van Bebber lebt seit einigen Jahren in Frankfurt und war eineinhalb Jahrzehnte als Reporter im Einsatz rund um den Bodensee. Bis heute zieht es ihn immer wieder dorthin zurück.

www.marcopolo.de/bodensee

← UMSCHLAG VORN:
DIE WICHTIGSTEN HIGHLIGHTS

Die besten Insider-Tipps → S. 4

Best of... → S. 6

Konstanz & Untersee → S. 32

Überlinger See → S. 48

SYMBOLE

- INSIDER TIPP: Insider-Tipp
- ★ Highlight
- ●●●● Best of ...
- Schöne Aussicht
- Grün & fair: für ökologische oder faire Aspekte
- (*) kostenpflichtige Telefonnummer

PREISKATEGORIEN HOTELS

€€€	über 130 Euro
€€	90–130 Euro
€	unter 90 Euro

Die Preise gelten für zwei Personen im Doppelzimmer mit Frühstück in der Hochsaison

PREISKATEGORIEN RESTAURANTS

€€€	über 15 Euro
€€	10–15 Euro
€	bis 10 Euro

Die Preise gelten für ein Hauptgericht ohne Getränke

Auf dem Titel: Weltberühmt: die Bregenzer Festspiele S. 107 | Schokloade aus Bernrain S. 87

INHALT

Obersee → S. 60

Vorarlberger Ufer → S. 74

Schweizer Ufer → S. 82

Reiseatlas → S. 116

GUT ZU WISSEN
Geschichtstabelle → S. 12
Spezialitäten → S. 26
Fliegende silberne Zigarren
→ S. 68
Bücher & Filme → S. 72
Moderne Bauten → S. 79
Wetter in Friedrichshafen
→ S. 114
Was kostet wie viel? → S. 115

KARTEN IM BAND
(118 A1) Seitenzahlen
und Koordinaten verweisen
auf den Reiseatlas
(0) Ort/Adresse liegt außerhalb des Kartenausschnitts
Es sind auch die Objekte mit
Koordinaten versehen, die
nicht im Cityatlas stehen

Karten von Bregenz,
Konstanz, Lindau und der
Insel Mainau im hinteren
Umschlag

**UMSCHLAG HINTEN:
FALTKARTE ZUM
HERAUSNEHMEN →**

FALTKARTE 🗺
(🗺 A1) verweist auf die
herausnehmbare Faltkarte

Die besten MARCO POLO Insider-Tipps

Von allen Insider-Tipps finden Sie hier die 15 besten

INSIDER TIPP Verborgene Orte

Konstanzer Stadtführer nehmen ihre Gäste mit ins Mittelalter. Sie öffnen sonst verschlossene Feuergassen, Hinterhöfe und „stille Örtchen" (Foto o.) → S. 36

INSIDER TIPP Blau blüht das Ried

Einmalig in Europa: Das Eriskircher Ried versinkt im Frühling im satten Blau der Schwertlilien. Aber bitte nur schauen, nicht pflücken → S. 64

INSIDER TIPP Einer, der mit Steinen karikiert

Peter Lenk modelliert in Bodman ironisch Prominente von gestern und heute → S. 50

INSIDER TIPP Große Kunst am dünnen Faden

In Lindau spielen Marionetten große Oper. Die Puppenspieler verzaubern ihr Publikum mit ihren Versionen von Zauberflöte, Fledermaus und Schwanensee. Einmalig in Deutschland → S. 71

INSIDER TIPP Echte Sparstrümpfe

Edle Strumpfmode zum Schnäppchenpreis. In Bregenz gibt es Strümpfe, Strumpfhosen und Bodys der Weltmarke Wolford im Fabrikverkauf → S. 77

INSIDER TIPP Ein Bett im Stroh

In Radolfzell-Güttingen schlafen die Gäste bei Familie Aichern in der Scheune → S. 43

INSIDER TIPP Glaskasten über dem Abgrund

Kulinarische Höhenflüge frei schwebend über dem Abgrund bietet das Gipfelrestaurant auf dem Karren. 976 m über dem Meer und mit bodentiefer Verglasung ist das ein Vergnügen vor allem für Schwindelfreie → S. 80

INSIDER TIPP Wo der Käpt'n Sonne tankt

Umweltfreundlich mobil: unter Fotovoltaikzellen auf dem westlichen Bodensee lautlos übers Wasser gleiten (Foto u.) → S. 96

BEST OF ...

SPAREN

● *Fantastisches Feuerwerk*

Zeitgleich mit dem bekannten Konstanzer Seenachtsfest feiern die Schweizer Nachbarn in Kreuzlingen das *Fantastical*. Anders als auf der deutschen Seite kostet dieses Fest keinen Eintritt. Höhepunkt ist das gemeinsame Feuerwerk beider Städte (Foto) → S. 107

● *Destillate aus der Natur*

Von Frühjahr bis Herbst gibt es am Bodensee frisches Obst. In der *Schnapsbrennerei Friedrichshafen* erfahren Sie, was man aus verschiedenen Apfelsorten, Williams-Birnen, Wildkirschen und anderen Kostbarkeiten der Bodensee-Natur noch Feines gewinnen kann → S. 71

● *Badespaß mit Weitsicht*

Normalerweise kosten die Strandbäder am See Eintritt – aber das schönste ist umsonst: Das *Konstanzer Hörnle* liegt auf einer Landspitze und bietet eine großartige Aussicht. Auch fein zum Spazierengehen, wenn das Wetter nicht zum Schwimmen einlädt → S. 34 u. 38

● *Überm Wasser schweben*

Vorne die Alpen, im Rücken Stadt und Obstgärten und zu Füßen der Bodensee. Der *Aussichtsturm* an der Hafenmole in Friedrichshafen ist 22 m hoch und verfügt über zwei Aussichtsplattformen → S. 62

● *Kaiserliche Gartenarchitektur*

Schloss Arenenberg, das Domizil von Napoleon III. und seiner Mutter Königin Hortense, kostet Eintritt. Der Besuch des von ihnen angelegten *Landschaftsparks*, der zugeschüttet jahrzehntelang vergessen war und nun restauriert wurde, ist dagegen ein Gratisvergnügen → S. 88

● *Entdeckungsreise ins Ried*

Im *Wollmatinger Ried* leben viele seltene Tiere und Pflanzen. Auf dem interessanten Info-Pfad und in der Ausstellung im Naturschutzzentrum können Sie es auf eigene Faust entdecken – und sich dann immer noch für eine der spannenden, informativen Führungen entscheiden → S. 39

● ● ● ● ● Diese Punkte zeichnen in den folgenden Kapiteln die Best-of-Hinweise aus

● *Frühlingshafter Blütenrausch*

Die Streuobstwiesen rund um den See prägen die Landschaft. Besonders schön ist das rosa-weiße Blütenmeer im Frühling rund um den Überlinger See, im Sommer reifen Äpfel, Zwetschgen und Kirschen. Die Ernte wird nicht nur als Frischobst verwertet, sondern auch zu Saft gepresst oder zu Hochprozentigem vergoren wie in der *Traditionsmosterei Möhl* (Foto) → S. 83

● *Ahoi, Kapitän!*

Mindestens einmal in See stechen – das ist bei einem Urlaub am Bodensee ein Muss. Lassen Sie sich an Bord eines der Schiffe der *Weißen Flotte* den Wind um die Nase wehen, sei es bei einer kurzen Spritztour oder einer ganztägigen Kreuzfahrt. Radfahrer freuen sich über eine erfrischende Abkürzung ihrer Tour → S. 95

● *Bosecco statt Prosecco*

Bosecco heißt die spritzig-alkoholische Verwertung der Bodensee-Trauben, mit deren Hilfe Sie in der *Konstanzer Spitalkellerei* südländische Gefühle und prickelnde Urlaubserinnerungen erleben → S. 29 u. 37

● *Gräfliches Blumenparadies*

Sie ist die größte Touristenattraktion am Bodensee: die Mainau mit ihren Millionen Blüten und der sympathischen gräflichen Familie, die sie leitet. Selbst im größten Trubel findet man auf der Insel unter schattigen Mammutbäumen ein stilles Plätzchen → S. 39

● *Hausbesuch in der Jungsteinzeit*

Schon in prähistorischer Zeit war der Bodensee ein beliebtes Siedlungsgebiet, das belegen die rund 100 Pfahlbaudörfer aus der Jungstein- und Bronzezeit. In den authentisch nachgebauten Pfahlbauten von Unteruhldingen, dem ältesten Freilichtmuseum Europas, wird die Vergangenheit vor 4000 Jahren lebendig → S. 59

● *Dem Säntis aufs Dach steigen*

Die Kulisse der Alpen gehört zum Bodensee wie Obstbäume und Strandbäder. Ein Besuch auf dem Gipfel des Säntis ist klassisches Ausflugsprogramm, ob per pedes oder Seilbahn. Im zweiten Fall ist die Traumaussicht in 10 bequemen Minuten erreicht → S. 86

TYPISCH

BEST OF ...

SCHÖN, AUCH WENN ES REGNET
Aktivitäten, die Laune machen

● Lebendige Vergangenheit
Wie arbeiten Archäologen, wenn Sie zum Beispiel Sensationsfunde aus der Eiszeit bergen? Im *Archäologisches Landesmuseum* in Konstanz spüren Sie die Spannung, die über einer Grabung liegen kann – und wandern auf einem Zeitstrahl durch die Epochen → S. 34

● Die Pinguine vom Bodensee
Keine Bange, hier kündigt sich nicht die nächste Eiszeit an. Die Eselpinguine sind im *Sea-Life-Center* in Konstanz zu Hause und machen den anderen Attraktionen, wie z. B. den Haien, kräftig Konkurrenz → S. 103

● Shoppen, Schauen, Schlemmen
Parfüms, Computer, Schmuck, Schuhe, schicke Taschen: Mit mehr als 70 Geschäften ist das *Lago-Center* in Konstanz ein beliebtes Einkaufsparadies. Genug vom Shoppen? Dann ab in die Cafés oder Restaurants, ins Kino oder Fitnesscenter → S. 37

● Legenden der Lüfte
Ein Museum der Superlative: Die weltgrößte Sammlung zur Geschichte der Luftfahrt erwartet Sie im *Zeppelin-Museum* in Friedrichshafen. Einmalig ist der 40 m große Nachbau eines Teils des legendären Luftschiffs „Hindenburg" mit Passagierkabinen → S. 63

● Rückzug aufs Sofa
Das barock-gemütliche *Wunderbar* in der Bregenzer Fußgängerzone ist ideal für Regentage: dank Gratis-Internet und WLAN-Zugang, Zeitungen und Zeitschriften und zahlreicher Sofas auf zwei Etagen → S. 77

● Naturwissenschaft im Parxistest
Anfassen ist ausdrücklich erwünscht. Im Technorama in Winterthur können Sie an Hunderten von Probierstationen Naturwissenschaft und Technik im wahrsten Wortsinn „begreifen" (Foto) → S. 105

REGEN

ENTSPANNT ZURÜCKLEHNEN
Durchatmen, genießen und verwöhnen lassen

● **Verwöhnprogramm für Wasserratten**
Hier haben Sie die Qual der Wahl. Denn die *Thermen* am Bodensee verwöhnen Sie nicht nur mit angenehm warmem Wasser, sondern auch mit Saunalandschaften, Seeblick und in Überlingen sogar mit entspannender Unterwassermusik → S. 56

● **Segeltörn in die Abendsonne**
Die Berge im Blick, die Sonne auf der Haut und der Wind in den Segeln: Fast lautlos rauschen Sie mit der *St. Jodok*, dem Nachbau eines historischen Lastenseglers, über den See. Und wenn dann auch noch langsam der Abend anbricht ... → S. 65

● **Freibad auf Stelzen**
Sie ist die älteste Badeanstalt am See, und wenn Sie das *Mili* besuchen, dann ist das auch ein Eintauchen in Kaisers Zeiten. Zum ehemaligen Militärbad in Bregenz, das 1825 ganz aus Holz gebaut wurde, führt ein schmaler Steg. Lassen Sie Sich treiben, lauschen Sie den Gesprächen der Einheimischen und genießen Sie die Zeitreise (Foto) → S. 77

● **Frühstücksei mit Aussicht**
In der Bergstation der Seilbahn auf den Karren sitzen Sie, nach einer entspannten Gondelfahrt, im gläsernen *Panoramarestaurant* und schauen zum Frühstück, Mittag- oder Abendessen zu, wie die Sonne über Dornbirn und Umgebung hinwegzieht → S. 80

● **Wohlgefühl durch Schwitzen**
Natürlich sorgen bereits die sechs unterschiedlichen Saunen in der *Bora-Saunalandschaft* in Radolfzell für ordentlich Wohlgefühle. Aber es spricht auch nichts dagegen, sich zusätzlich noch eine Ayurveda-Massage zu gönnen → S. 100

● **Eine Klasse für sich**
Ein Erlebnis der besonderen Art ist ein Konzertbesuch bei der *Südwestdeutschen Philharmonie* im historischen *Konzilgebäude* in Konstanz. Einfach zuhören, abschalten und genießen: nicht nur für passionierte Klassikliebhaber! → S. 34

AUFTAKT

ENTDECKEN SIE DEN BODENSEE!

Wenn der Zug die Konstanzer Rheinbrücke passiert und erstmals der Blick frei wird auf See und Berge, pressen die Urlauber ihre Nasen an die Fenster: Schau, da sind die Berge, auf ihren Gipfeln glänzt Schnee! Und dort, der weiße Dampfer! Und da oben, der Zeppelin! Entzückt und überrascht wissen sie nicht, wohin sie zuerst schauen sollen. Die Einheimischen kennen den Anblick. Sie blättern gelassen in ihrer Zeitung, während sich die Gäste auf ihre Ferien am Bodensee freuen.

Doch natürlich lieben auch die Bewohner ihren See. Viele Familien wohnen seit Generationen hier. Viele sind irgendwann hergekommen und geblieben. Nicht ohne Grund können die Immobilienpreise mit denen in Düsseldorf oder München mithalten. Wohl nur an wenigen Orten Deutschlands ist die Lebensqualität so hoch wie hier, winken Freizeit- und Kulturangebote und gute Jobs gleichermaßen. Nach einer Umfrage des Allensbacher Instituts für Demoskopie ist der Bodensee nach Nord- und Ostsee das bekannteste Urlaubsgebiet in Deutschland. Dabei hat sich der Tourismus im Lauf der letzten Jahrzehnte gewandelt.

Bild: Schloss Spetzgart bei Überlingen

Stein am Rhein: Bunt bemalte Fassaden, Erker und Schilder schmücken die Bürgerhäuser

Lange prägte die „Fischerin vom Bodensee" das Bild der Region. Der Schmachtfilm, gedreht 1956 unter anderem in der Umgebung Meersburgs, vermittelte kitschige Heimatidylle. Irgendwann war es dann schicker und preiswerter, nach Mallorca zu fliegen. Doch längst haben die Hoteliers und Gastronomen am See aufgeholt und bieten zunehmend modern gestylte Nobelquartiere oder aber Unterkünfte in gemütlichen Pensionen. Wer will, kann auch auf einem Bauernhof im Heu schlafen oder sogar im Kloster. In Städten und Dörfern locken Gartenlokale und Gourmettempel. Dazu ist eine Fülle von Attraktionen entstanden, so das Großaquarium Sea-Life in Konstanz, das Ravensburger Spieleland, das Dornier-Museum in Friedrichshafen oder Wellnessthermen in Meersburg, Konstanz und Überlingen. Der Zeppelin fliegt wieder, und in Vorarlberg kann man zeitgenössische Architektur bewundern.

15 000 v. Chr.
Bei Schaffhausen entsteht der Rheinfall

3000 v. Chr.
Pfahlbauern siedeln am See

400 v. Chr.
Die Kelten besiedeln die Ufer, erste stadtähnliche Anlagen

270
Alemannen siedeln am Westufer

6.–8. Jh.
Christianisierung, Konstanz wird Bischofssitz

720–724
Gründung der beiden Klöster St. Gallen und Reichenau

Nicht zuletzt profitiert der Bodensee vom wachsenden Umweltbewusstsein: Wenn Sie hierher reisen, sparen Sie sich den Flug. Vor Ort führen Spaziergänge durch blühende Streuobstwiesen, es lockt ein Bad im Bodensee mit Trinkwasserqualität, und auf den Tisch kommen Äpfel, Salat und Fleisch aus der Region. Entlang des 273 km langen Seeufers und im Hinterland können Familien, Kultur- oder Naturtouristen und Kurzurlauber die Region immer wieder neu entdecken. An den Straßen liegen herausgeputzte Gasthäuser, Bauern bieten an Ständen Obst und Gemüse an. Bei einem Besuch der Bregenzer Festspiele vermischt sich der Applaus der Besucher mit dem Plätschern der Wellen. Rund 100 Museen widmen sich Themen wie Archäologie oder Bier, Kunst oder Luftfahrt. Haben Sie Lust auf ein Bad, können Sie in über 50 Strandbädern rasch in den Bodensee springen – und müssen dafür nichts oder nur ein paar Euro zahlen. Wer sich gerne bewegt, kann segeln, radeln oder skaten. Und abends locken urige Weinstuben oder glitzernde Clubs und Bars.

Dazu ist der Bodensee von einer Landschaft umgeben, die nie langweilig wird. Hinter Hügeln tauchen Barockkirchen auf. Von Gipfeln schweift der Blick über den See. Im Sommer blicken Sie bei strahlend blauem Himmel über Palmen bis hin zu den Gipfeln der Alpen, im Winter hüllt Sie der Nebel ein wie Watte. Nichts tun und ausspannen – oder alles machen und viel erleben: Bei einem Bodenseeurlaub sind das keine Gegensätze.

> **Baden in einem See mit Trinkwasserqualität**

9. Jh.
Die Karolinger gründen die Pfalz Bodman

1414–18
Das Konzil von Konstanz beendet die Spaltung der katholischen Kirche

1618–48
Dreißigjähriger Krieg: Die Schweden besetzen einen Teil des Bodenseeraums

1803–48
Gewaltsame Neuordnung durch Napoleon: Württemberg erhält Zugang zum See, Baden bekommt den westlichen Teil, Bayern Lindau und Tirol

1824
Das erste Dampfschiff verkehrt auf dem See

Die Stärke der Region ist, alles auf einem Fleck zu bieten – Lieblingsfrage der Touristiker: „Wo sonst können Sie am Morgen in Deutschland frühstücken, das Mittagessen in der Schweiz auf 2500 m Höhe einnehmen und abends in Österreich große Oper auf einer der schönsten Freilichtbühnen der Welt erleben?"Möglich ist solch ein abwechslungsreiches Angebot auch wegen der Struktur der Region: Rund um den See finden sich viele kleine Orte und mittlere Städte. Keine Metropole zieht wie ein Magnet alles an und wertet die anderen Städte zu Vororten ab. Friedrichshafen, Bregenz oder Konstanz besitzen deshalb, was sonst nur Großstädte vorweisen: Konstanz ein eigenes Theater mit festem Ensemble sowie ein eigenes Orchester, die Südwestdeutsche Philharmonie, Friedrichshafen eine Messe und einen Flughafen mit Anbindung ans Liniennetz unter anderem der Lufthansa, Bregenz Kunsthaus und Seefestspiele. Auch anderswo am Bodensee gibt es mehr Läden, Kinos oder Museen als sonst in Gemeinden dieser Größe üblich. Wer allerdings annimmt, die Bewohner der Region würden all dies so oft nutzen wie die Touristen, täuscht sich: Der See

> **Die Region bietet alles auf einem Fleck**

trennt oft mehr, als er verbindet. Mancher Anwohner war über Jahre nicht auf der jeweils anderen Seite des Gewässers. Ein Beispiel dafür liefert der Katamaran: Die Personen-Schnellfähre sollte einst Pendler von Konstanz nach Friedrichshafen bringen, heute ist sie eine zwar beliebte, aber defizitäre Touristenattraktion.

Politiker mühen sich dennoch seit Jahrzehnten um Kontakte – die hier immer auch internationale Beziehungen sind. Antrieb war zunächst der Gewässerschutz. Schließlich liefert der Bodensee über ein 1700 km langes Leitungsnetz Trinkwasser bis nach Stuttgart und in den Odenwald. 1972 gründeten die Anrainerländer die „Internationale Bodenseekonferenz" (IBK) – ein erfolgreiches Unternehmen, denn heute ist die Wasserqualität wieder einwandfrei. Doch nicht nur Länder und Gemeinden direkt am See gehören der IBK an, sondern auch St. Gallen, Zürich, Liechtenstein, das Oberallgäu und der Kreis Sigmaringen – 3,5 Mio. Menschen leben im Großraum Bodensee und seinem erweiterten Einzugsgebiet.

Der Bodensee ist kein großes Museumsdorf; Tourismus ist wichtig, aber viele Menschen arbeiten in anderen Branchen: Dienstleistung und Verwaltung sind stark vertreten, aber auch Bildungseinrichtungen und vereinzelt Industrie, vor allem in Fried-

1900
Der erste Zeppelin steigt von Friedrichshafen aus auf

1963
Die letzte „Seegfrörne": Der gesamte See friert zu

2000
Die Insel Reichenau wird Unesco-Welterbe

2003/04
Archäologen entdecken mitten in Konstanz ein spätrömisches Kastell

2008
Die „Sonnenkönigin", größtes Passagierschiff auf dem See, nimmt ihren Dienst auf

2014–18
Konstanz feiert 600. Konzil-Jubiläum

Bodensee-Wahrzeichen: Zeppelin über dem Konstanzer Hafen mit der Imperia-Statue

richshafen. Winzer, Obstbauern, Gemüsegärtner und Künstler gehen hier ihrer Arbeit nach. Eine gewachsene Kulturlandschaft eben, in ihren Ursprüngen geprägt durch Kelten und Römer, im Mittelalter durch Mönche und Adelige. Erst galt die Reichenau mit ihrer Klosterbibliothek, dann Konstanz mit dem Konzil als geistiges Zentrum. Ende des 19. und Anfang des 20. Jhs. wuchs der Fremdenverkehr, Gemeinden schütteten Uferpromenaden auf. Bald nach dem Zweiten Weltkrieg startete der Massentourismus. Später im 20. Jh. folgten die Bausünden, wie zugepflasterte Uferlinien. Die werden nun mit großer Mühe und hohen Kosten teilweise wieder naturnah gestaltet. Naturschutzgebiete wie das Wollmatinger Ried bieten mit ihrem

Vielfältige Landschaft im Herzen Europas

im Wind wogenden Schilfgürteln einen Eindruck vom ursprünglichen Bild des Sees, auf dem während des Vogelzugs Tausende Wasservögel ein Meer aus schwarzen und weißen Punkten bilden.

Für Zugvögel ist der Bodensee ein europäisches Drehkreuz – und für die Menschen? Die Seebewohner reden von ihrer Region, wie es ihnen gerade passt. Mal bezeichnen sich vor allem die Konstanzer als Deutschlands letztes „Zipfele", dann wieder schwärmen sie vom See als vielfältiger Landschaft im Herzen Europas. Landschaft und Menschen sind mehr als ein halbes Jahrhundert nach der „Fischerin vom Bodensee" auch wieder für Filmemacher interessant. Der Südwestfunk hat hier seit 2002 die Tatort-Kommissarin Klara Blum, gespielt von Eva Mattes, stationiert. Und die „Fischerin vom Bodensee"? Auch die gibt es noch – und zwar „in echt": Sieben von rund 170 hier noch arbeitenden Berufsfischern sind Frauen.

IM TREND

1 Stadt-Kunst

Eine Stadt wird zum Objekt Pipilotti Rist's und Carlos Martinez' *Stadtlounge*, die Gestaltung des Bleicheli Quartiers in St. Gallen, sorgte weltweit für Furore *(www.stadtlounge.ch, Foto)*. In Bregenz stecken die *Galerie K 12* und der zugehörige *K 12 Bodensee Artclub* die Grenzen der Kunst immer wieder neu ab *(Kirchstr. 12, www.k12galerie.at)*. Dem Zeitgenössischen hat sich auch die *Galerie Werkart* in St. Gallen verschrieben *(Teufenerstr. 75, www.galerie-werkart.ch)*.

Vertikal

2

Hoch hinaus Klettern ist Trend rund um den Bodensee. Die Profis von *Free Solo Climbing* vermitteln das lebenswichtige Know-how *(Radolfzell, www.freesoloclimbing.com, Foto)*. Einsteiger starten an der Kletterwand des *Kletterwerks* in Radolfzell *(Güttinger Str. 17/1, www.kletterwerk.de)* oder in der *Kletterhalle Achberger Nordwand* in Esseratsweiler *(Schulstr. 11, www.adfunture.de)*. Große Ziele steckt man sich im *K1*, der größten Kletterhalle Österreichs *(Bildgasse 10, Dornbirn, www.k1-dornbirn.at)*.

Szene-Heimat

3

Niederburg In den historischen Gassen von Konstanz' Niederburg fühlen sich die Jungen, Kreativen und die Partygänger wohl. Letztere finden sich in der Kultkneipe *Schwarze Katz (Katzgasse 8)* ein oder aber in der retro-coolen *Heimat (Schreibergasse 2, www.heimatbar.de, Foto)*. Im *Atelier Kunstfabrik* gibt es Diskussionsstoff und Inspirationsquellen *(Rheingasse 9, www.kunstfabrik-artfactory.com)*. Abstrakte Leuchtobjekte, mit denen man das eigene Zuhause zum Szenelokal umfunktionieren kann, entstehen bei *Glas-Art* in Handarbeit *(Gerichtsgasse 6, www.glasart-konstanz.de)*.

Das Ufer als Wohnzimmer

Beachbars Karibische Gefühle können auch am Bodensee aufkommen. Im *Beachclub Friedrichshafen* kann man im Sommer schon ab neun Uhr morgens die Seele baumeln lassen. Dank Chill-out-Musik, Snacks und Strandsport halten Beachgirls und -boys problemlos bis Mitternacht durch *(Uferstr. 1, www.beachclub-fn. de)*. Die *Beach Bar* wird ihrem Namen mit Strandkörben, süffig-sündigen Cocktails und einem abwechslungsreichen Musikprogramm gerecht *(Seeanlagen, Bregenz)*. Sportlicher geht's am *Lemon Beach* zu: Beachvolleyball, -soccer und Badminton stehen dort auf dem Programm *(Riedheimer Str. 2, www.lemon-beach.de, Foto)*. Zwischen Kreuzlingen und Konstanz entspannen die Locals in der *Sealounge* mit Blick auf den See *(www.sealounge.ch)*.

Hilfestellung

E-Bikes Abseits der Uferpromenade wird es steil. Dank Elektroantrieb scheuen Fahrradfahrer aber auch die Steigungen nicht mehr. Leihen können Sie die E-Bikes bei *Ferienwelt Höri* am Untersee *(Im Frießen 15, Öhningen/Kattenhorn, www.ebikeverleih-bodensee.de)* oder *Fahrrad Unger* in Lindau *(Inselgraben 14, www.fahrrad-unger. de)*. Akkus für E-Bikes tauschen oder laden die Radler auf dem *Campingplatz Himmelreich (Strandweg 34, Allensbach, www. campingplatz-himmelreich.de)*. Wer ein E-Bike beim *Bodensee-Radweg-Service (Fritz-Arnold-Str. 16a, Konstanz, www.bodenseeradweg.com, Foto)* gemietet hat, kann seinen leeren Akku dort jederzeit abgeben und dafür kostenfrei eine voll aufgeladene Batterie für die Weiterfahrt mitnehmen.

STICHWORTE

DIALEKT

Für Zugereiste herrscht am See eine geradezu babylonische Sprachverwirrung: Die Badener reden Alemannisch, die Württemberger Schwäbisch, am österreichischen Seeufer spricht man anders gefärbt als in Wien oder Salzburg, und in der Schweiz spricht man eben Schwyzerdütsch, das wohlgemerkt hier ganz anders klingt als in Basel oder Bern. Wenn in Konstanz jemand zum Abschied „Adele" sagt, meint er nicht den Vornamen, sondern den badischen Diminutiv: Der hängt gerne ein „le" an die Wörter, was nicht immer mit der tatsächlichen Größe des bezeichneten Objekts übereinstimmen muss. So kann ein „Hundele" durchaus eine Dogge sein. Wenn der Schwabe ihnen erzählt, er habe sich den Fuß gebrochen, kann dies auch der Oberschenkelhals sein. Denn der schwäbische Fuß reicht von der großen Zehe bis ans Gesäß.

Ein freundliches „Grüezi" mag in der Schweiz gerade noch angehen, wer es aber nur stockend über die Lippen bringt, sollte lieber beim „Guten Tag" bleiben. Wenn der Schweizer einen „Most" bestellt, bekommt er einen Apfelsaft. Wenn er dagegen einen vergorenen Apfelmost haben möchte, bestellt er sich einen „Saft". Sprachverwirrung eben.

FASNACHT

Für alle, die die schwäbisch-alemannische Fasnacht nicht kennen, das Wichtigste zuerst: auf keinen Fall nach dem „Fasching" oder gar „Karneval" fragen!

Bild: Fasnacht in Lindau

Wenn sich der Nebel lichtet: mehr über die Heimat von Dichtern und Fischern, von Narren und Händlern

Die fünfte Jahreszeit heißt hier *Fasnacht, Fastnacht, Fasnet* oder auch *Faßnacht* und unterscheidet sich, zumindest nach Auffassung der Beteiligten, grundlegend vom rheinischen Karneval. Hochburg ist Konstanz. Es kommt vor allem aufs Mitmachen an. In närrisch geschmückten Lokalen, zu Wirtschaften umfunktionierten Garagen oder einfach auf der Straße: Narren überall. Ob beim Bäcker um die Ecke, an der Tankstelle oder in der Bank: Sie werden am sogenannten *Schmutzigen Dunnschtig* (der wichtigste Tag der Fasnacht, Donnerstag vor Rosenmontag) von einem *Hästräger,* also einem Kostümierten, bedient. Die Geschäfte schließen spätestens am Nachmittag, damit jeder mitfeiern kann. Auch am Rosenmontag und am Fasnachtsdienstag ist nicht sicher, dass alles seinen gewohnten Gang geht. Jede Stadt hat ihre eigenen Narrenzünfte mit unterschiedlichen Verkleidungen, teilweise Furcht erregende Gesellen mit geschnitzten Holzmasken. Ansonsten verkleidet sich hier jeder, wie er will.

Am Ende des Tages werden die Netze kontrolliert: Fischer bei Unteruhldingen

Ein besonderes Spektakel sind die *Hemdglonkerumzüge:* Durch die mit Bändern geschmückten Gassen der Konstanzer Altstadt zieht am Abend eine in Nachthemden und Schlafhauben gewandete Schülerschar, die mit Topfdeckeln oder Rätschen ein Höllenspektakel veranstaltet. Schüler tragen Transparente, auf denen die Lehrer verulkt werden. Fanfarenzüge spielen.

Überregionale Aufmerksamkeit genießt das *Stockacher Narrengericht*, vor das jedes Jahr die Politprominenz geladen wird.

Ermatingen ist für seine *Groppenfasnacht* bekannt, in deren Mittelpunkt die Groppe steht, ein häufiger Fisch im See. Hier wird drei Wochen vor Ostern gefeiert, wenn andernorts längst Fastenzeit ist. Das Ereignis geht angeblich auf die Zeit des Konstanzer Konzils zurück: Johannes, einer der drei Päpste im Machtkampf, floh verkleidet nach Ermatingen, wo er mit Groppen verpflegt wurde. Als Dank erhielten die Ermatinger diesen Spezialfeiertag.

FISCHE

Rund 170 Fischer leben am Bodensee vom Fang der Flossentiere und versorgen die lokalen Märkte und Restaurants mit Delikatessen. Die Hauptfangzeit liegt zwischen Januar und Oktober. Damit der Bedarf gedeckt werden kann, muss der Natur ein wenig auf die Sprünge geholfen werden: Was schließlich schmackhaft zubereitet auf dem Teller landet, hat seinen Lebensweg meist als Retortenbaby begonnen. Die Fischer sorgen beim Fang für die künstliche Befruchtung und liefern den Laich in einer der sieben Fischbrutanstalten ab. Hier wird er ausgebrütet und die kleinen Fischlein so lange aufgepäppelt, bis sie zum weiteren Heranwachsen in den See entlassen werden können: Felchen, Hecht, Saibling und Forelle werden so gezüchtet.

FLUGPIONIERE

Abseits der großen Metropolen gelegen, gilt der Bodensee als Region, in der die Uhren langsamer gehen. Doch in diesem Idyll arbeiteten einst einige der bekanntesten Vordenker der deutschen Technikgeschichte. Ferdinand Graf von Zeppelin (1838–1917) ließ am 2. Juli 1900 in der Manzeller Bucht bei Friedrichshafen das erste seiner weltberühmten Luftschiffe (LZ 1) starten. Später baute an gleicher Stelle Claude Dornier (1884–1969) seine technisch revolutionären Flugzeuge. Auch ihn hatte allerdings zunächst der Zeppelinbau an den Bodensee verschlagen. Karl Maybach (1879–1960), Sohn des berühmten Autobauers, wiederum konstruierte erst Zeppelinmotoren, um später auch Dieselantriebe etwa für Schiffe zu entwickeln und zu fertigen. In den Friedrichshafener Industrie- und Technikbetrieben lebt ihre Tradition bis heute fort. Und im Zeppelin- oder im Dorniermuseum oder bei der Zeppelin-Reederei können auch Urlauber dem damaligen Pioniergeist nachspüren.

GRENZEN

Wem gehört der Bodensee? Den Anrainerstaaten, das ist klar. Doch wo genau die Staatsgrenzen verlaufen, ist bis heute ungeklärt. Deutschland, Österreich und die Schweiz sind sich nicht einig, ob der See internationales Gewässer ist oder ob die Grenze in der Seemitte verläuft, womit das Recht des jeweiligen Staates bis genau zu dieser Linie gelten würde. Die Österreicher haben zur bestehenden Verwirrung noch eine dritte Theorie beigesteuert, die besagt, dass der See bis zum Ende der jeweiligen Flachwasserzone zum entsprechenden Uferstaat gehört, die tiefe Seemitte jedoch allen gemeinsam. Trotz ungeklärter Rechtsverhältnisse lebt man am Bodensee mit dem Durcheinander problemlos. Nachdem die Schifffahrt sich erfolgreich dagegen gewehrt hat, auf die Gewinne aus der Bewirtung auf dem See Mehrwertsteuer zu bezahlen, ist das größte Problem sowieso gelöst. Denn wie käme

man dazu, jemandem Steuern zu zahlen, dem der See gar nicht gehört. Noch dazu, wo Verträge aus dem 19. Jh. Steuerfreiheit zusichern.

KLIMAWANDEL

Die globale Erwärmung macht sich auch am Bodensee bemerkbar, mit unterschiedlichen Auswirkungen. Während Touristiker sich über wärmere Sommer freuen, schlagen Naturschützer Alarm. Denn selbst kleinste Klimaänderungen haben auf das Ökosystem am See gravierende Folgen. Tiere und Pflanzen aus wärmeren Gegenden werden plötzlich am Bodensee heimisch und verdrängen angestammte Arten. Außerdem haben extreme Wetterereignisse in den vergangenen Jahren zugenommen, seien es Hochwasser wie 1999 oder besonders niedrige Wasserstände. Dieser starke Wechsel hat nicht nur Auswirkungen auf die Vegetation am Ufer, sondern auch auf archäologische Funde. Über rund 6000 Jahre waren die Überreste der Pfahlbauern vom Bodensee unter Wasser und durch eine Schlammschicht geschützt. Bei sinkenden Wasserständen kommen sie nun ans Tageslicht und zerfallen dabei innerhalb von kürzester Zeit. Forscher suchen daher nach Konservierungsmöglichkeiten und versuchen Pfahlbaureste mit Kies oder Geotextilien abzudecken.

KLÖSTER

Der Bodenseeraum ist eine über Jahrhunderte organisch gewachsene Kulturlandschaft. Eine besondere Rolle haben dabei stets die Klöster gespielt. Allen voran die Klosterinsel Reichenau, die im Jahr 2000 in die Welterbeliste der Unesco aufgenommen wurde. Unter anderem wurde hier das erste botanische Lehrbuch nördlich der Alpen verfasst. Enge Beziehungen pflegten die Mönche mit dem Kloster in St. Gallen, heute vor allem durch seine Stiftsbibliothek bekannt. Sehenswert sind die ebenfalls in der Schweiz liegende Kartause Ittingen, die heute als Museum, kulturelles und soziales Zentrum genutzt wird, und die Klosterinsel Werd. Als Internatsschulen dienen das Kloster Mehrerau und das Kloster Salem. Letzteres, eine weitläufige ehemalige Zisterzienserabtei, beherbergt außerdem verschiedene Museen unter anderem mit historischen Feuerwehrfahrzeugen. Barocke Kirchenbaukunst und eine einmalige Aussichtslage verbindet die Klosterkirche Birnau.

NATUR

Die Bodenseeregion gilt als eines der artenreichsten Gebiete Europas. Am Nordrand der Alpen und vom Seeklima begünstigt, leben in der naturnahen Kulturlandschaft 350 Vogelarten. Viele Zugvögel unterbrechen am See ihre Reise. Insgesamt rasten und überwintern hier jedes Jahr rund 250 000 Wasservögel. Der Steinadler kommt aus den nahen Bergen zum Brüten. Wegen seiner Größe und Tiefe wird der nährstoffarme Obersee von Prachttauchern und Meeresenten bevorzugt. Der flache, nährstoffreichere Untersee dagegen gibt mit seinem Schilfgürtel mehr Vögeln eine Heimat. Besonders gut lassen sich die Zugvögel im Oktober beobachten. Die Pflanzenwelt entfaltet im Frühjahr ihre Pracht: Im Mai blühen Obstwiesen und Iris. Mediterrane Pflanzen wachsen am See ebenso wie solche aus Bergen und Steppen. Sie können Orchideen und Enzian entdecken und im Uferkies das seltene Bodenseevergissmeinnicht.

OBSTBAU

Der Obstanbau in der klimatisch begünstigten Region hat eine lange Tradition, was sich etwa an alten Ortsnamen wie Birnau, Apflau oder Nußdorf ablesen lässt. Das Anbaugebiet am Bodensee erstreckt sich auf der deutschen Seite über vier Landkreise, nämlich Konstanz, Lindau, Ravensburg und den Bodenseekreis. Hauptkultur der rund 1600 Erwerbsobstbaubetriebe ist der Apfel. Nach dem Alten Land in Norddeutschland ist die Bodenseeregion die zweitgrößte Anbauregion für Äpfel in Deutschland. Kultiviert werden rund 20 verschiedene Sorten. Im bayrischen Teil befindet sich die wichtigste Birnenproduktion am See. Auf der Schweizer Seite wird vor allem im Kanton Thurgau Obst angebaut und zwar so viel, dass sich die Region „Mostindien" nennt, auch weil die Form des Kantons an den indischen Subkontinent erinnert.

SCHIFFFAHRT

Mit einfachen ausgehöhlten Baumstämmen begann die Geschichte der Schifffahrt auf dem Bodensee. Heute bietet das größte Ausflugsschiff auf dem Bodensee, die 2008 in Dienst gestellte „Sonnenkönigin", Platz für 1000 Passagiere und eine Showbühne. Und so lässt sich die Geschichte der Bodensee-Schifffahrt auch als Entwicklung vom schwimmenden Einbaum zum schwimmenden Konzertzahl erzählen. Dient die Schifffahrt heute bis auf die Autofähren dem Vergnügen, war sie zuvor 2000 Jahre für den Gütertransport entscheidend. Das Archäologische Landesmuseum in Konstanz zeigt den in gleich mehreren Epochen häufigsten Schifftyp in einem eigenen Anbau: einen mittelalterlichen Lastensegler. Das 20 m lange Wrack war 1981 bei Immenstadt im See entdeckt worden. Später bekamen die Schiffe einen runderen Bauch, um mehr Salz, Getreide, Holz, Wein und Gewürze laden zu können. Die Dampfschifffahrt leitete im 19. Jh. das Ende der herkömmlichen Lastschifffahrt ein, und im 20. Jh. verlagerte sich der Frachtverkehr auf die Straße. Heute gehört der Bodensee den Touristen auf den Schiffen der Weißen Flotte, einigen Fischern und rund 60 000 privaten Motor- und Segelbooten.

SEEHAS

Das Mischwesen aus Hase und Fisch ist die Bezeichnung für ein traditionelles

Brigantinus". Im 10. Jh. wurde die Kaiserpfalz Bodman zur Namenspatin und aus dem „Lacus Bodamicus" wurde dann durch Lautverschiebung der „Bodensee". Der See entstand in der Eiszeit. Der gewaltige Rheingletscher bedeckte das Bodenseegebiet. Er grub ein tiefes Becken und türmte riesige Schuttberge zu den typischen Moränenhügeln auf. Das Eis

Bekannt und beliebt: Obst vom Bodensee – so auch die Äpfel aus Altnau

Fabeltier des Bodensees, verewigt ist es beispielsweise am Kaiserbrunnen auf der Konstanzer Marktstätte. Außerdem werden die Einheimischen der Region scherzhaft so genannt. Auch etliche Narrenzünfte tragen den „Seehas" in ihrem Namen. Friedrichshafen widmet ihm sein jährliches „Seehasenfest"; und nicht zuletzt heißt die S-Bahn, die zwischen Konstanz und Engen verkehrt, „Seehas": Dies war das Ergebnis eines Publikumswettbewerbs.

ZAHLEN UND FAKTEN ZUM SEE

Die Römer tauften den See nach ihrer bedeutendsten Siedlung Bregenz „Lacus

schmolz, zurück blieb mit einer Fläche von 536 km² der größte deutsche See. Er gliedert sich in den Obersee zwischen Lindau und Meersburg, den Überlinger See zwischen Meersburg und Bodman sowie in den Untersee. Von Ludwigshafen bis Bregenz misst der See 63 km, seine größte Breite hat er mit 14 km zwischen Friedrichshafen und Arbon, seine tiefste Stelle liegt zwischen Fischbach und Uttwil: 254 m. Nach dem Plattensee und dem Genfer See ist der Bodensee der drittgrößte See in Mitteleuropa. Am 273 km langen Ufer hat Baden-Württemberg mit 155 km den größten Anteil, gefolgt von der Schweiz (72 km), Österreich (28 km) und Bayern (18 km).

ESSEN & TRINKEN

Die Kulturlandschaft Bodensee zeigt sich nicht nur in historischen Bauten, sondern auch auf den Speisekarten. So vielfältig wie hier ist einheimische Esskultur selten. Am Bodensee trifft badische auf schwäbische Küche, Strudel aus Österreich begegnet Schweizer Schokolade.

Die Klöster rund um den See haben vor Jahrhunderten Weinbau und Braukunst an den See gebracht. Mit den Kräutern aus dem Klostergarten behandelten die Mönche nicht nur ihre Zipperlein, sondern würzten auch ihr Essen. Solche Traditionen leben bis heute fort. Der See liefert frischen Fisch, die umliegenden Wälder Wild. Obst, Gemüse und Getreide gedeihen im milden Klima, Kühe finden saftige Weiden. Ein kulinarisches Idyll, die sich schwarz auf weiß in Mützen, Sternen und Kochlöffeln niederschlägt: Um den Bodensee versammeln sich mehr dieser Auszeichnungen als im Elsass, und das gilt ja gemeinhin als Schlemmerparadies schlechthin.

Doch nicht nur die teuren Luxuslokale, die es hier flächendeckend gibt, machen den Bodensee gastronomisch interessant. Zunehmend finden auch gutbürgerliche Gasthäuser wieder Gefallen an dem, was vor der Haustür wächst, und geben der traditionellen Küche eine leichte, individuelle Note mit frischen Produkten. Auf den Speisekarten stehen hausgemachte Sülzen mit Bratkartoffeln, Gemüseplatten oder zartes Geschnetzeltes. Dünnele und Spätzle schmecken zu jeder Jahreszeit. Spargel und Obst, Wild

Bild: Bodensee-Felchen im Konstanzer Restaurant Hafenhalle

Zum Fasten völlig ungeeignet: drei Länder, aber mehr als drei Küchen und natürlich mehr als drei Spezialitäten

und deftige Schlachtplatten richten sich nach der Saison.

Fisch ist am See ein Muss, egal ob er als Hechtklößchen, geräuchertes Filet oder im Ganzen auf den Teller kommt. Unbedingt probieren sollten Fischliebhaber den Kretzer. Allerdings herrscht bei diesem Bodenseefisch eine heillose Namensverwirrung. Auf Hochdeutsch handelt es sich um einen Barsch, Kretzer ist die alemannische Bezeichnung. In der Schweiz heißt allerdings nur der ganze Fisch Kretzer, während die ausge-

lösten Filets Egli genannt werden. Um das Durcheinander komplett zu machen, wird auch auf der deutschen Seite der Begriff Egli verwendet und – man ahnt es schon – hier durchaus auch für den ganzen Fisch. Einigkeit herrscht allerdings rund um den See darüber, dass der Kretzer der beste Seefisch überhaupt ist. Und da Kartoffeln nun einmal besonders gut zu Fisch passen, trifft es sich ausgezeichnet, dass in den sandigen Böden von Duchtlingen ganz in Seenähe die besten Kartoffeln wachsen.

SPEZIALITÄTEN

▶ **Biberli** – Lebkuchen mit Marzipanfüllung gibt es in der Schweiz nicht nur zur Weihnachtszeit

▶ **Dünnele** – die badische Variante der Pizza wird klassischerweise mit Sauerrahm, Speck und Zwiebeln belegt, aber auch süß mit Apfelscheiben angeboten

▶ **Felchen** – Im Bayrischen auch Renke genannt. Beliebter Bodenseefisch mit wenig Gräten, preisgünstig

▶ **Kutteln** – da das Ausgangsprodukt, ein Teil des Rindermagens, kaum Eigengeschmack hat, kommt es auf die Zubereitung an. Wein, Zwiebeln oder Tomatenmark geben die nötige Würze. Saure Kutteln (mit Essig) gehören unbedingt zur Fasnacht. Dazu: Bratkartoffeln

▶ **Mistkratzerli** – so heißen in der Schweiz junge Hähnchen. Klassische und knusprige Variante: „im Körbli" mit separater Soße

▶ **Mostbröckli** – luftgetrocknetes Rindfleisch, ähnlich wie Bündner Fleisch, gibt es kalt als Aufschnitt

▶ **Pferdefleisch** – in der Schweiz ist Pferdefleisch recht beliebt. Das Fleisch ist mager, gesund und schmackhaft

▶ **Rösti** – diese Variante der Bratkartoffel ist fast ein Schweizer Nationalgericht. Die Kartoffeln werden gerieben, gewürzt und – zu einem Fladen zusammengedrückt – gebraten (Foto l.)

▶ **Strudel** – das Wichtigste ist der Teig: Er muss so dünn sein, dass man eine Zeitung durch den Teig lesen kann. Gefüllt wird er süß mit Obst (Foto r.) oder herzhaft mit Gemüse

▶ **Wähen** – dünner, saftiger Obstkuchen, der mit einem süßen Guss aus Eiern und Rahm überbacken wird. Es gibt auch eine salzige Ausgabe

▶ **Zander** – man mag ihn auch, wenn man kein Fischfan ist. Das Fleisch ist saftig, fest und hat kaum Gräten

▶ **Zwiebelkuchen** – im Herbst der notwendige Begleiter zum Suser, dem frisch gepressten, schon leicht vergorenen Traubensaft

Wer nicht unbedingt warm essen möchte, wird ebenfalls gut bedient. Am See wird gerne und ausgiebig gevespert: Speck, Schwartenmagen, Leberwurst und besonders auf der Schweizer Seite herzhaf-

ter Käse, der oft aus einer kleinen Dorfkäserei stammt. Für eher Kalorienbewusste wächst rund um den See natürlich alles, was zu einem leichten, gemischten Salat gehört. Gerne wird dieser mit einigen

Streifen gegrilltem Fleisch oder Fisch veredelt.

Zum Vesper passt ein kühles Bier aus einer der vielen kleinen Brauereien oder ein Most aus Früchten von der Streuobstwiese hinterm Haus. Rund um den See gibt es zahllose Gartenlokale, die all dies und mehr anbieten. Zum Essen, zum gemütlichen Ausklang am Abend und auch am Mittagstisch trinkt man selbstverständlich Bodenseewein. Mancher wagt sich sogar schon beim Frühschoppen an einen guten Tropfen. Schriftliche Quellen belegen, dass bereits im Jahr 860 Wein vom See nach St. Gallen transportiert wurde. Der Bodensee kann zudem mit noch zwei Besonderheiten aufwarten, mit denen sich gut Werbung machen lässt: Er ist die südlichste Weinbaugegend Deutschlands, und am Hohentwiel wird auf 560 m über dem Meeresspiegel der höchste Weinbau in Deutschland betrieben.

Ein Abstecher ins Hinterland kann sich für den Geldbeutel, aber auch gastronomisch lohnen: Zwar ist es wunderbar, auf einer Terrasse am See zu sitzen, doch ein paar Kilometer weg vom Trubel bekommen die Gäste eher einmal Bauernbrot aus dem Holzofen und selbst gebrannten Schnaps – für weniger Geld.

Ob Schweizer Schokolade oder die österreichische Vorliebe für Süßspeisen: Schleckermäuler kommen am Bodensee mit Garantie auf ihre Kalorien. Die Dichte der Eisdielen wird selbst in Italien nicht übertroffen, und in Cafés und Bäckereien darf gesündigt werden. Apfel- oder Zwetschgenkuchen, Sahnetorten, Strudel oder Wähen, mit Obst belegt und einem süßen Guss überzogen, machen den Bodensee zum Fasten vollkommen ungeeignet.

Großen Wert legen die Köche rund um den See auf Nahrungsmittel aus regionaler Produktion. 2004 haben sich auch deshalb Erzeuger und Verbraucher im Gebiet des westlichen Bodensees zu einem Verein zusammengeschlossen und die Regionalmarke „Gutes vom See" gegründet. Die Marke steht für regio-

In urigen Weinstuben werden regionale Tropfen ausgeschenkt

nale Herkunft sowie umweltfreundliche Erzeugung von Lebensmitteln. Erhältlich sind die Produkte in regionalen Lebensmittelmärkten, verwendet werden sie auch von ausgewiesenen Gastronomen. Wer direkt beim Erzeuger einkaufen will, findet interessante Adressen in der Broschüre „Frisch vom Bauernhof". Aufgeführt sind hier Direktvermarkter von landwirtschaftlichen Erzeugnissen ökologischer Qualität rund um den westlichen Bodensee. Außerdem sind Adressen von Besenwirtschaften und Übernachtungsangebote auf Bauernhöfen aufgelistet (www.plenum-bodensee.de).

EINKAUFEN

Was wäre der Bodenseeurlaub ohne Mitbringsel? Rund um den See bietet sich viel Kulinarisches an. Allen voran natürlich Bodenseewein. Aber auch schönes Kunsthandwerk und so manchen originellen Trödel gibt es.

DIREKT VOM ERZEUGER

Ob Wein, Most oder Obst: Am Bodensee macht der Einkauf direkt beim Erzeuger oder auf einem der zahlreichen Bauernmärkte besonders viel Spaß. Hier bekommen die Kunden noch ein „Versucherle" und stehen direkt vor Kisten und Fässern. Viele Bauern verkaufen ihre Erzeugnisse direkt ab Hof. Meist weisen Schilder am Straßenrand darauf hin, sonst einfach im Ort oder am Hof fragen.

HOCHPROZENTIGES

Natürlich lassen sich aus Trauben noch andere Köstlichkeiten als Wein und Most herstellen: hochprozentiger Marc, also Tresterschnaps, feiner Weinessig, Weingelee, dazu Kekse und Öl aus Traubenkernen. Dutzende von Kleinbrennern bieten Obstbrände aus fast allem, was rund um den See wächst.

KÄSE, FISCH & HERZHAFTES

Ebenfalls bei Urlaubern wie Einheimischen beliebt und wegen besonderer Qualität geschätzt sind Schweizer Teigwaren, Käser oder Mostbröckli, eine luftgetrocknete Fleischspezialität. Auch geräucherter Fisch eignet sich, sorgsam verpackt, gut als kulinarisches Mitbringsel. Und auch hier gilt: je frischer, desto besser.

KLEIDUNG

Sparfüchse freuen sich über das Sparprogramm beim Kleiderkauf: Renommierte Unternehmen bieten kostengünstigen Fabrikverkauf (Schiesser und andere, Radolfzell; Wolford, Bregenz; Strellson und Tommy Hilfiger, Kreuzlingen).

KUNST & KUNSTHANDWERK

Da am See viele Künstler und Kunsthandwerker leben, lohnt sich ein Bummel zum Beispiel durch die Konstanzer Galerien. Außerdem bieten die **INSIDER TIPP** Museumsshops stilvolle Mitbringsel, die sonst nicht überall erhältlich sind. So bietet das Archäologische Landesmuseum in Konstanz zahlreiche Replikate an,

Herzhaft oder süffig:
Der See und die Landschaft drum herum
sorgen für die schönsten Souvenirs

beispielsweise steinzeitliche Pfeilspitzen, mittelalterliche Trinkhörner oder keltischen Schmuck. Ebenfalls in Konstanz, im Rosgartenmuseum, gibt es regionale Gewürzmischungen. Im Dornier-Museum finden technikinteressierte Bastler jedes Alters Flugzeugmodelle zum Nachbauen. Von Künstlern gestaltetes Geschenkpapier bietet der Museumsshop im Kunsthaus Bregenz an.

PFLANZEN

Soll es nichts Essbares sein, aber trotzdem Natur, könnten Pflanzen von der Mainau das Richtige sein. Die gibt es entweder direkt auf der Insel oder auf dem Konstanzer Wochenmarkt zu kaufen. Ausgefallene Kräuter im Topf sind ein schönes Mitbringsel für Hobbyköche.

SCHOKOLADE

Bei einem Abstecher auf die Schweizer Seite ist ein Schokoladenkauf fast Pflicht:

Bei „Gottlieber Hüppen", gerollten Waffelstangen mit verschiedenen Füllungen, schlagen die Herzen der Schleckermäuler höher. Nicht nur bei Kindern beliebt ist auch die Schweizer Version der Schokoküsse mit einer extra dicken Schicht aus Vollmilch- oder Zartbitterschokolade.

WEIN & SEKT

Ein oder zwei Fläschen Spätburgunder, Müller-Thurgau oder Weißherbst sind keineswegs ein Verlegenheitsgeschenk. Mancher Wein aus Deutschlands südlichstem Anbaugebiet ist eine Rarität, die sich außerhalb der Region kaum auf einer Weinkarte findet. Und auch die Schweizer Weine müssen den Vergleich mit den großen Anbaugebieten nicht scheuen. Immer beliebter wird auch der frisch perlende **INSIDER TIPP** Sekt vom Bodensee, auch unter dem Namen ● „Bosecco" bekannt. Ob weiß oder rosé, trocken oder halbtrocken schmeckt er nicht nur an warmen Sommerabenden.

DIE PERFEKTE ROUTE

ZU BLUMEN UND BAROCK

Starten Sie in ① *Konstanz* → S. 32 nach einem Frühstück am Hafen oder in der historischen Altstadt. Von hier aus sind es nur wenige Kilometer bis zur ② *Mainau* → S. 39 (Foto o.) – und dem verfrühten Ende der Tour. Denn die Blumeninsel ist so schön, dass Sie hier auch locker den ganzen Tag verbringen könnten. Reißen Sie sich trotzdem los, fahren Sie über den grünen ③ *Bodanrück* → S. 95 bis zur westlichsten Spitze des Überlinger Sees und am Nordufer zur wunderschönen Barockkirche ④ *Birnau* → S. 57. Innen beeindruckt die üppige Ausstattungspracht, außen die Aussicht mit Blick über den See bis zu den Alpen.

IN DIE BRONZEZEIT

Von hier aus ist es nur ein Katzensprung zu den urzeitlichen ⑤ *Pfahlbauten* → S. 59 im Freilichtmuseum von Unteruhldingen und weiter nach ⑥ *Meersburg* → S. 51. In der Burg hat einst die Dichterin Annette von Droste-Hülshoff gelebt. Sollten Sie zu lange die Blütenpracht auf der Mainau genossen haben, können Sie jetzt verlorene Zeit aufholen: Von Meersburg fährt eine Autofähre direkt nach Konstanz.

INS MUSEUM

Dann aber verpassen Sie viel, unter anderem ⑦ *Friedrichshafen* → S. 60 mit den phantastischen Dornier- und Zeppelinmuseen. Lassen Sie sich vom starken Verkehr nicht davon abbringen, die großartigen Aussichtspunkte zu genießen. Sollten Sie dabei zu viel Zeit verloren haben, nehmen Sie als Abkürzung einfach die Autofähre zum Schweizer Ufer.

BILDERBUCH-INSEL

Wer sich nicht für Technikgeschichte interessiert, der lässt Friedrichshafen links liegen und steuert gleich ⑧ *Lindau* → S. 68 an. Auf der Insel, auf der die Altstadt liegt, erwarten Sie Löwe und Leuchtturm an der Hafeneinfahrt – und die Alpen, zum Greifen nah! Ein Bild wie auf einer Ansichtskarte.

AUF DIE BERGE

Weiter geht es über die Grenze nach Österreich. In ⑨ *Bregenz* → S. 74 können Sie bei einer Seilbahnfahrt auf den *Pfänder* → S. 78 neue Perspektiven testen. Ein anderes Gefährt wartet in Lustenau: das

„Rheinbähnle", das dem Fluss entlang seines Ufers bis zur Mündung in den See folgt. Falls Sie ein Liebhaber von Zahnradbahnen sind, bietet sich dagegen einige Kilometer weiter, jenseits der Grenze zur Schweiz, eine Fahrt mit dem kleinen roten Zug von **10** *Rorschach* → S. 85 nach Heiden an. Vom Seeufer weg führt ein interessanter Abstecher nach **11** *St. Gallen* → S. 86 mit seinem historischen Stiftsbezirk.

IN DER SCHWEIZ

Entlang des Schweizer Ufers fahren Sie nun zurück fast bis nach Konstanz. Doch statt die Grenze zu überqueren, folgt die Route dem Südufer des Untersees. Lassen Sie sich hier von einem der vielen kleinen Orte zu einer Rast verführen, etwa in **12** *Gottlieben* → S. 89 (Foto u.), oder genießen Sie den Aufstieg auf den Seerücken zum **13** *Schloss Arenenberg* → S. 88 mit seinem restaurierten Park. In **14** *Stein am Rhein* → S. 90 geht es über eine Brücke in die historische Altstadt mit ihren reich bemalten Fassaden, bevor die **15** *Halbinsel Höri* → S. 43 mit ihren idyllischen Orten auf dem Weg liegt, die viele Künstler in die Region gelockt haben.

WELTERBE-INSEL

An **16** *Radolfzell* → S. 41 und *Allens-bach* → S. 47 vorbei führt der Weg über einen Damm auf die Insel **17** *Reichenau* → S. 44, die Gemüseinsel, die zudem als Weltkulturerbe Karriere gemacht hat. Von Weltrang ist auch der Sonnenuntergang, den Sie schließlich zum Abschluss der Rundfahrt auf der Seeterrasse des Biergartens Sandseele erleben.

260 km. Reine Fahrzeit: 5 Stunden. Detaillierter Routenverlauf auf dem hinteren Umschlag, im Reiseatlas sowie in der Faltkarte

KONSTANZ UND UNTERSEE

Der Untersee ist der südwestliche Teil des Bodensees und durch den Seerhein mit dem großen Obersee verbunden.

Konstanz und der Untersee ermöglichen abwechslungsreiche Tage und unterhaltsame Abende: morgens im Mittelalter, nachmittags im Strandbad, abends in der Szenekneipe. Im Winter lockt ein großes Kulturprogramm. Hier ist richtig, wer sich neben der Wassertemperatur für die Geschichte der Region interessiert.

KONSTANZ

✦✦ KARTE IM HINTEREN UMSCHLAG

(120 B–C 4–5) (*M G4*) Konstanz (gesprochen: Konschtanz) ist ein Ort des Mittelalters, aber wer hier nur alte

Häuser besichtigt, lernt die größte Stadt am Bodensee nicht richtig kennen.

Am Hafen dreht sich auf der Mole die „Imperia", die Skulptur einer mittelalterlichen Dirne, auf ihren Händen ein Papst und ein Kaiser. Längst ist das 1993 aufgestellte Werk des Künstlers Peter Lenk nicht mehr umstritten, sondern mit badischer Gelassenheit als neues Wahrzeichen angenommen.

Das liberale Klima verdankt Konstanz (83 000 Ew.) unter anderem der Universität. Ihre Gründung 1966 gilt als ebenso bedeutend wie das Konstanzer Konzil (1414–18), das die seinerzeitige Spaltung der katholischen Kirche beendete – eines der Opfer war der Reformator Jan Hus, der 1415 vor den Stadttoren verbrannt wurde. Heutzutage dagegen wählten

Bild: Blick vom Konstanzer Münster

Mittelalter und Weinstuben:
Ein Idyll mit langer Geschichte, südländischer Lebensfreude, Natur und Kultur

CITY **WOHIN ZUERST?**

Wer mit Bahn oder Schiff anreist, landet von allein dort, wo eine Tour durch Konstanz beginnen sollte: am **Hafen**. Von hier geht es durch eine Unterführung über die Marktstätte in Richtung Münster. Autofahrer steuern am Hafen ein Parkhaus an. Wer zu Fuß mit der Autofähre aus Meersburg kommt, nimmt die Buslinie 1 bis zum Bahnhof.

sich die Konstanzer 1996 mit Horst Frank den ersten grünen Oberbürgermeister Deutschlands (2004 wiedergewählt). Von 2014 bis 2018 soll Konstanz ganz im Zeichen des 600. Jubiläums des Konzils stehen.

Die meisten Sehenswürdigkeiten liegen in der ⭐ *Altstadt.* Sie ist erhalten, weil die Konstanzer im Zweiten Weltkrieg einfach ihre Lichter anließen – und die Bomberpiloten die Stadt so für Schweizer Gebiet hielten. Heute gilt die Altstadt als eines der bedeutendsten Flächendenkmäler Baden-Württembergs. Dabei ist sie alles andere als ein Museum: Es gibt unzählige Restaurants, vom Nobellokal

Symbolträchtig: die Imperia an der Einfahrt zum Hafen

bis zur Studentenkneipe. Wegen ihrer vielen Boutiquen, Läden und Museen ist die Stadt beliebtes Ziel an Regentagen. Parkplätze sind knapp. Dafür gibt es hier eines der besten Busnetze Deutschlands. Und die heiter-historische Atmosphäre in Konstanz erlebt man ohnehin am bes-

ten zu Fuß. Zur **INSIDER TIPP** kostenlosen Erholung nach einem Stadtbummel ist das ● *Hörnle,* das größte Strandbad am Bodenseeufer, wie geschaffen.

SEHENSWERTES

ARCHÄOLOGISCHES LANDESMUSEUM (ALM) ●

Zu Beginn des Rundgangs stehen die Besucher in einer nachgebauten Ausgrabungsstätte. Auch sonst werden die Arbeit der Archäologen und das Leben der Menschen vom 6. Jh. v. Chr. bis ins 19. Jh. anschaulich präsentiert. In einem Anbau ist das älteste Schiff vom Bodensee ausgestellt: Die *Lädine,* ein Lastensegler aus dem 14. Jh., wurde 1991 vor Immenstaad geborgen. *Di–So 10–18 Uhr | Benediktinerplatz 5 | www.konstanz.alm-bw.de | Eintritt 4 Euro,* **INSIDER TIPP** *jeden 1. Sa im Monat frei*

HAFEN

Der unmittelbar hinter dem Bahnhof gelegene Hafen mit dem Stadtgarten ist eine beliebte Flaniermeile mit Restaurants und Biergarten. Von hier aus startet die Weiße Flotte, Tret- und Ruderboote werden vermietet.

HUS-MUSEUM

Bilder und Dokumente über Leben und Wirken des böhmischen Reformators Jan Hus. *Okt.–März Di–So 11–16 Uhr, April–Sept. Di–So 11–17 Uhr | Hussenstr. 64 | Eintritt frei*

KONZIL ●

Im ehemaligen Kaufhaus am Hafen, das 1388 als Korn- und Lagerhaus errichtet wurde, tagte während des Konstanzer Konzils das Konklave und wählte Martin V. bei der einzigen Papstwahl auf deutschem Boden zum alleinigen Papst. Dies war der einzige Anlass, bei dem das

Handelshaus sakral genutzt wurde. Im 19. Jh. führte zeitweise ein Eisenbahngleis direkt durch das Gebäude. Seit dem 20. Jh. wird der Bau als Konzert- und Veranstaltungssaal genutzt.

KULTURZENTRUM AM MÜNSTER

Neubau mit knallroter Fassade. Neben Stadtbücherei und Volkshochschule ist von hier die *Städtische Wessenberg-Galerie* zugänglich. Sie ist nach dem letzten Bistumsverweser Freiherr Ignaz Heinrich von Wessenberg (1774–1860) benannt, dessen Kunstsammlung gezeigt wird. Ausstellungen zu verschiedenen Themen. Mit Café im Hof. *Di–Fr 10–18, Sa u. So 10–17 Uhr | Wessenbergstr. 43 | Eintritt 3 Euro*

MÜNSTER ⚜

Hoch ragt der Turm über die Stadt (abends von innen beleuchtet): Das gotische *Münster Unserer Lieben Frau* wurde seit dem 9. Jh. immer wieder umgebaut. Als Konstanz noch ein eigenständiges Bistum war (6. Jh. bis 1821) war das Münster die Bischofskirche. Besonders sehenswert ist die *Krypta* aus dem 9./10. Jh. Die *Mauritius-Rotunde* aus dem Jahr 940, eine Nachbildung der Jerusalemer Grabeskirche, war Ziel für mittelalterliche Wallfahrer. Das spätmittelalterliche

Treppenhaus im *Thomas-Chor* heißt wegen der engen Windungen „Schnegg" (Schnecke). Der Münsterturm (78 m) ist nach einer Sperrung von 14 Jahren wegen Restaurierungsarbeiten seit 2006 wieder zugänglich. Der Aufstieg führt bis auf 52 m und ermöglicht einen Rundblick über die Altstadt. *März–Okt. Mo–Sa 10–17, So 12.30–17.30 Uhr | 2 Euro*

Direkt am Münster haben Archäologen Ruinen eines bedeutenden *spätrömischen Kastells* und eines römischen Bades entdeckt. Eine Glaspyramide gestattet einen Blick auf die Funde. Gleich daneben befindet sich ein dreidimensionales *Modell der Konstanzer Altstadt* aus der Vogelperspektive. Das taktile Stadtmodell ist besonders für Sehbehinderte geeignet, die so die Formen und Dimensionen nachvollziehen können. Aber auch bei Kindern ist das Modell sehr beliebt.

NATURMUSEUM 🐢

Welche Tiere leben in und am Bodensee? Das erfahren Besucher des Bodensee-Naturmuseums. Die Einrichtung befindet sich im Sea-Life-Center, das mit Greenpeace zusammenarbeitet. *Tgl., Juli–Mitte Sept. 10–19 Uhr, Mai–Juni u. Mitte Sept.–Okt. 10–18 Uhr, Nov.–April 10–17 Uhr | Hafenstr. 9 | www.sealife.de | Eintritt 2 Euro*

⭐ **Altstadt**
Die Konstanzer Gassen mit Geschäften, Museen und Weinstuben als Alternative zum Strandbad → S. 33

⭐ **Seeufer**
Unbedingt die Badehose einpacken, denn Abkühlung ist hier in Konstanz jederzeit möglich → S. 38

⭐ **Mainau**
Millionen Blüten, Palmen und eine gräfliche Familie: die größte Touristenattraktion am Bodensee → S. 39

⭐ **Reichenau**
Gemüse und Geschichte im Überfluss: als Zeugnis des Mittelalters zum Weltkulturerbe ernannt → S.44

MARCO POLO HIGHLIGHTS

NIEDERBURG

Wie im Mittelalter fühlen Sie sich, wenn Sie durch die Gassen des ältesten Konstanzer Stadtteils schlendern. Liebevoll restaurierte Häuser, kleine Geschäfte und Weinstuben lohnen einen Abstecher. In der *Brückengasse* liegt versteckt hinter einer schweren Holztür das 1257 von Dominikanerinnen gegründete *Kloster Zoffingen.* Die kleine Kirche ist zugäng-

1898 im ersten Stock zeigen Szenen der Stadtgeschichte. *Kanzleistr. 13/1*

ROSGARTENMUSEUM

Das Museum im ehemaligen Zunfthaus „Zum Rosgarten", eines der ältesten Museen Baden-Württembergs, zeigt Malerei, Hausrat und Kunsthandwerk des Mittelalters. Der denkmalgeschützte Leinersaal ist Museum im Museum, er

Vorgeschichtssaal im Rosgartenmuseum: Versteinerungen in Vitrinen aus der Gründerzeit

lich. Die Touristikinformation bietet von April bis Oktober **INSIDER TIPP** besondere Stadtführungen durch Hinterhöfe und Feuergassen zu den „stillen Örtchen" des Mittelalters.

RATHAUS

Nach einem Blick auf die reich bemalte Fassade von 1864 auch in den Innenhof schauen! Das Ensemble besteht u. a. aus dem *Zunfthaus der Leinweber* (16. Jh.) und dem spätmittelalterlichen *Haus Zum Thurgau.* Fassadenmalerei und Bilder von

gibt Einblick in Aufbau und Gestaltung einer naturkundlichen Sammlung des 19. Jhs. Eine Abteilung zeigt die Konstanzer Geschichte im 20. Jh. Zum Verweilen bietet sich das liebevoll eingerichtete **INSIDER TIPP** *Museumscafé* an. *Di–Fr 10–18, Sa u. So 10–17 Uhr | Rosgartenstr. 3–5 | Eintritt 3 Euro | www.rosgartenmuseum-konstanz.de*

UNIVERSITÄT

Die Universität Konstanz ist seit 2007 eine von neun deutschen Elite-Universitäten. Über dem See gelegen, ist der Ende der 60er-Jahre errichtete Campus Beispiel für moderne Betonarchitektur. Die ☀ INSIDER TIPP▶ *Mensa* bietet auch Nichtstudenten Essen zu günstigen Preisen und dazu einen der schönsten Blicke auf Bodensee und Mainau.

Die *Uni-Bibliothek* ist werktags rund um die Uhr geöffnet (außer Aug./Sept.): Über 2 Mio. Bücher sind frei zugänglich für jedermann. Kunstfreunde finden auf dem Campus über 50-mal „Kunst am Bau", darunter einen Porsche aus Beton auf dem Parkdeck-Süd (Kunstführer am Uni-Kiosk).

ESSEN & TRINKEN

BLEICHE
Einer der schönsten Biergärten der Stadt, direkt am Seerhein unter alten Bäumen. Bei Regen ist das benachbarte Bistro-Restaurant *Stromeyer* eine Alternative (Mittagstisch | €). *Mai–Okt. tgl. | Bleicherstr. 8 | Tel. 07531 9 42 28 60 | €*

HAFENHALLE
In bester Lage direkt am Yachthafen mit Blick auf die ein- und ausfahrenden Segelboote und Kursschiffe. Hier treffen sich Einheimische und Touristen bei regionalen Spezialitäten. Im Sommer neben der Terrasse auch großer Biergarten mit Selbstbedienung und Livemusik am Sonntagmorgen. Empfehlenswert ist auch ein Besuch außerhalb der Saison, wenn der Betrieb geruhsamer verläuft. *Tgl. | Hafenstr. 10 | Tel. 07531 2 21 26 | €–€€*

RESTAURANT PAPAGENO
Feine Küche abseits der Touristenströme, hier speisen auch die Einheimischen. *Mo geschl. | Hüetlinstr. 8 a | Tel. 07531 36 86 60 | www.restaurant-papageno. net | €€€*

SCHMITT'S
Günstige Kneipe mit jungem Publikum. Frühstück von 10 bis 23 Uhr. *Tgl. | Hieronymusgasse 2 | Tel. 07531 69 19 03 | €*

EINKAUFEN

EINKAUFSMEILE BODANSTRASSE
An der Bodanstraße gibt es mit dem ● *Lago* das größte Shoppingcenter am See mit 70 Geschäften. Etwas weiter eröffnete 2008 noch ein kleineres Center, das Städtebauer erschreckt, aber Konstanz zum Shoppingziel Nummer eins am See macht. *Bodanstraße/Bahnhofsplatz*

SPITALKELLEREI ●
Nicht nur Konstanzer Wein, auch ein umfangreiches Sortiment an Zubehör; dazu Öl, Gebäck und Gelee aus Trauben. Weinbergführung, Weinprobe und Kellereibesichtigung. *Brückengasse 16*

FREIZEIT & SPORT

BODENSEE-THERME
Die 2007 gebaute Bodensee-Therme bietet Besuchern Entspannung in mehreren Innen- und Außenbecken mit bis zu 36 Grad warmen Thermalwasser. Dazu gibt es eine Saunalandschaft und im Sommer im Freien ein Sportbecken. Verwöhnen lassen können Sie sich auch bei einer Massage, Gesichtsbehandlung oder Maniküre. Die Gäste schauen durch eine 78 m lange und über 8 m hohe Glasfront auf den Bodensee, der nur getrennt durch den Uferweg vor dem Bad liegt. Die Therme ist mit dem *Stadtbus Linie 5* oder mit dem *Personenschiff der Familie Gieß* ab dem Konstanzer Hafen zu erreichen. *Tgl. 9–22 Uhr | Wilhelm von Scholz Weg 2 | Eintritt 20 Euro, 10,50 Euro (ohne Sauna), 5 Euro (im Sommer nur im Freibad) | www. bodensee-therme-konstanz.de*

SEEUFER ⭐ 🜔

In Konstanz ist im Unterschied zu vielen anderen Orten nahezu das gesamte Seeufer öffentlich zugänglich. Von der Innenstadt führt der Weg über die alte Rheinbrücke immer am Ufer entlang vorbei am *Freibad Horn („Hörnle")* bis zum Fährhafen Staad. Von hier geht es weiter zur Mainau, mit der Fähre nach Meersburg oder mit Bus Linie 1 zurück in die Innenstadt.

AM ABEND

DIE BLECHNEREI

Neue In-Location in einer ehemaligen Werkhalle, wechselnde Veranstaltungen, Disko und Livemusik. *Macairestr. 4 | www. dieblechnerei.de*

K9

Kommunales Kunst- und Kulturzentrum in der ehemaligen Paulskirche. Kneipe, Kleinkunst, Livemusik (Jazz, Rock, Pop), Disko. Inzwischen Kultprogramm sind Top-Fußballspiele auf der Großleinwand mit Stadionatmosphäre. *Hieronymusgasse 3 | Tel. 07531 167 13 | www. k9-kulturzentrum.de*

STADTTHEATER

Hier wird seit fast 400 Jahren Theater gespielt, so lange wie in keinem anderen Stadttheater Deutschlands. Das feste Ensemble zeigt Klassiker und moderne Inszenierungen. In den Sommermonaten gastiert das Theater in einer ehemaligen Kirche in Überlingen. Stücke für Kinder und Jugendliche werden in einem alten Lokschuppen am Hafen gespielt. *Spielzeit Sept.–Juli | Konzilstr. 11 | Tel. 07531 90 0150 (Kasse) | Tel. 90 0154 | www. theaterkonstanz.de*

ÜBERNACHTEN

BARBAROSSA

Wohnen auf historischem Boden im Herzen der Altstadt. Hier schloss Kaiser Friedrich I. 1183 Frieden mit den lombardischen Städten. *49 Zi. | Obermarkt 8–12 | Tel. 07531 12 89 90 | www. barbarossa-hotel.com | €€*

INSIDER TIPP ▸ VILLA BARLEBEN AM SEE

Originelles kleines Hotel in einer denkmalgeschützten Villa (1872), die in einer großen Gartenanlage am See liegt. Private Atmosphäre. *8 Zi. | Seestr. 15 | Tel. 07531 94 23 30 | www.hotel-barleben.de | €€€*

HOTEL RIVA

Ein moderner Neubau und eine Jugendstilvilla bilden das neue, exklusive Hotel Riva. In bester Lage bietet das Designerhotel nicht nur einen Wellnessbereich, sondern auch einen Pool auf dem Dach. *42 Zi., 3 Suiten | Seestr. 25 | Tel. 07531 36 30 90 | www.hotel-riva.de | €€€*

LOW BUDGET

▸ Im 🜔 *Freibad Horn,* dem größten Freibad am Bodensee, ist der Eintritt frei! Ein Teil des „Hörnle" ist für FKK geöffnet. *Rund um die Uhr | Stadtbus Linie 5*

▸ Im Seegarten von *Allensbach* leitet ein Trainer kostenlos zu Tai Chi und Qigong an. *Mitte Juli–Anfang Sept. Di und Sa 19 Uhr | beim Kneippbecken*

▸ Auf der Insel *Reichenau* gibt es von Mai bis September immer montags um 10 Uhr einen kostenlosen kulturhistorischen Rundgang, Treffpunkt ist die Tourist-Information.

INSELHOTEL

Auf einer kleinen Insel direkt vor der Alt-stadt gelegenes Hotel in einem ehemaligen Dominikanerkloster mit noch erhaltenem Kreuzgang. Eigener Badestrand, zwei Restaurants. *102 Zi. | Auf der Insel 1 | Tel. 07531 12 50 | www.steigenberger.com/konstanz | €€€*

PETERSHOF

Haus mit angemessenem Preis-Leistungs-Verhältnis im größten Wohnviertel der Stadt, fünf Gehminuten zu Altstadt und See. *32 Zi. | St. Gebhardstr. 14 | Tel. 07531 99 33 99 | www.petershof.de | €€*

AUSKUNFT

TOURISTIKINFORMATION KONSTANZ
Bahnhofplatz 43 (im Bahnhof) | 78462 Konstanz | Tel. 07531 13 30 30 | www.konstanz-tourismus.de

ZIEL IN DER UMGEBUNG

INSIDER TIPP **WOLLMATINGER RIED** ●
(120 B4) *(ﾉﾉ F–G4)*

767 ha Flachwasserzone, Schilfgürtel und Feuchtwiesen stehen als Heimat seltener Tiere und Pflanzen unter Naturschutz. Fast 300 Vogelarten kommen hier vor, und bis zu 100 000 Wasser- und Watvögel machen jedes Jahr Rast im Ried auf ihrem Weg in den Süden und wieder zurück. Das Ried schließt westlich direkt an das Konstanzer Industriegebiet an und ist nur mit Führungen zugänglich. Fernglas nicht vergessen! *Große Führung 1. u. 3. So im Monat 8.30 Uhr, April–Okt. zusätzlich Mi u. Sa 16 Uhr. Kleine Führung in den Sommerschulferien Baden-Württembergs Fr 9 Uhr.*
Informationen beim ⟳ *NABU-Naturschutzzentrum Wollmatinger Ried (Kindlebildstr. 87 | beim Bahnhof Reichenau auf dem Festland | Tel. 07531 7 88 70 | www.*

nabu-wollmatingerried.de). Hier informiert auch eine Ausstellung über das Ried *(Mo–Mi, Fr 9–12 u. 14–17, Do 9–12 u. 14–15.30 Uhr, April–Sept. auch Sa, So 13–15.30 Uhr | Eintritt frei).*

Wollmatinger Ried:
Haubentaucher auf dem Nest

MAINAU

KARTE IM HINTEREN UMSCHLAG
(120 C3) *(ﾉﾉ G3–4)* ★ ● **Wer sich der Mainau mit dem Schiff nähert, erblickt schon von Weitem das Schloss, eingebettet in dichtes Grün.**
Vom Festland (Parkplatz und Bus Linie 4 vom Konstanzer Bahnhof aus) ist die Insel über eine Brücke erreichbar. Wer schlecht zu Fuß ist, kann mit dem Inselbus vom Festlandparkplatz bis nahe ans Schloss heranfahren. Mit über 1 Mio. Besuchern im Jahr ist die Blumeninsel Mainau die bekannteste Touristenattraktion am Bodensee.

Ab Ende März blühen auf der Insel Mainau die Rosen in verschwenderischer Fülle

Die 45 ha große Insel gehörte im 8. Jh. zum Kloster Reichenau, anschließend über 500 Jahre dem Deutschen Orden. 1853 erwarb sie Großherzog Friedrich I. als Sommersitz. Er begründete den bis heute erhaltenen Rosengarten, in dem bis zu 20 000 Rosen in 1200 Arten blühen. Als die Tochter des Großherzogs durch Heirat zur Königin Victoria von Schweden wurde, ging die Insel in schwedischen Besitz über. Graf Lennart Bernadotte übernahm sie 1932 und verwandelte das überwucherte Eiland in ein Paradies für Naturliebhaber. Durch Heirat mit einer Bürgerlichen verlor Bernadotte in den 30er-Jahren seinen schwedischen Prinzentitel. Zum Graf machte ihn erst 1951 eine Tante aus Luxemburg. Seit dem Tod von Graf Lennart (1909–2004) und seiner Frau Gräfin Sonja (1944–2008) leiten ihre beiden ältesten Kinder, Gräfin Bettina und Graf Björn, die Mainau.

Neben einem Spaziergang entlang der riesigen Blumenbeete lohnt das Verweilen im *Arboretum* mit seinen Mammutbäumen. 500 verschiedene Arten von Laub- und Nadelgehölzen wachsen hier.

Bei der „Gläsernen Floristik" können Sie Gärtnern und Floristen über die Schulter schauen *(in der Saison Mi 12.30–14.30 Uhr | Gartenzentrale)*.

Wer früh am Morgen oder gegen Abend kommt, erlebt eine andere, ruhige Mainau. Ebenso hat ein Besuch im Herbstnebel oder im Schnee seinen Reiz. Das „Blumenjahr" dauert von Ende März bis Ende Oktober. Ab 17 Uhr halbiert sich während dieser Zeit mit dem **INSIDER TIPP** „Sonnenuntergangsticket" der Eintritt. Außerhalb der Saison sind die Eintrittspreise reduziert, ebenso allerdings die Attraktionen und das gastronomische Angebot. *Ganzjährig tgl. von Sonnenauf- bis Sonnenuntergang | Eintritt 15,90 Euro, Nov.–Mitte März 7 Euro*

SEHENSWERTES

SCHLOSS

Das Barockschloss ist nicht nur Kulisse, sondern bis heute Wohnsitz der gräflichen Familie. Ihre Privaträume liegen im Nordflügel. Im Südflügel befindet sich ein Café mit Terrasse unter den bis zu 15 m hohen Palmen im Palmenhaus.

im schwedischen Landhausstil. Gutbürgerliche bis gehobene Küche. Tagsüber preiswertere regionale und schwedische Spezialitäten, abends wird vor allem Fisch serviert. Abends Reservierung empfohlen, dann freie Auffahrt auf die Insel. *April–Dez. tgl. 11–23 Uhr, Jan.–März 11.30–15 Uhr Sonntagsbrunch | Tel. 07531 30 31 56 | €€*

AUSKUNFT

MAINAU GMBH
78465 Insel Mainau | Tel. 07531 30 30 | www.mainau.de

Der ursprünglich nur als Winterschutz gedachte Glasbau bleibt inzwischen das ganze Jahr über stehen. Die *Schlosskirche Marien* mit Altären und Skulpturen des Barockbildhauers Joseph Anton Feuchtmayer (1696–1770) ist als Hochzeitskirche beliebt. *Tgl. 10–17 Uhr*

SCHMETTERLINGSHAUS
Bei 26 Grad und 90 Prozent Luftfeuchtigkeit spazieren die Besucher durch eine Tropenlandschaft, in der über 40 Schmetterlingsarten leben. *In der Saison tgl. 10–20 Uhr, Herbst u. Winter 10–17 Uhr*

ESSEN & TRINKEN

ROTHAUS-SEETERRASSEN
Selbstbedienung mit Biergarten, direkt an der Inselbrücke mit Blick auf ein Vogelschutzgebiet im See. Frühstück. *April–Okt. tgl. 9–17 Uhr (Juni–Aug. bei Biergartenwetter bis 22 Uhr), Nov. u. Dez. 10–15 Uhr | €*

SCHWEDENSCHENKE
Die 1937 eröffnete älteste Gaststätte der Insel Mainau präsentiert sich seit 2010

RADOLFZELL

(119 E3) (*M E3*) **Radolfzell (30 000 Ew.) hat mit winkeligen Gassen sein historisches Erbe bewahrt. Zu Beginn des 9. Jhs. ließ sich Bischof Radolf von Verona hier nieder und baute am Ufer das erste Kirchlein.**

Im *Grienen Winkel*, dem ältesten Teil der Stadt, sind liebevoll restaurierte Fischerhäuser zu sehen. In der Fußgängerzone können Sie gut bummeln. Überregional bekannt ist Radolfzell durch die „Mettnau-Kur" auf der vorgelagerten Halbinsel Mettnau, wo ab 1872 der Dichter Joseph Victor von Scheffel (1826–86) lebte. Um sich dort behandeln zu lassen, besuchen oft Prominente die Stadt. Im Teilort *Möggingen* befindet sich im Schloss die *Vogelwarte Radolfzell* (Spaziergänger können in die Volieren sehen).

SEHENSWERTES

MÜNSTER
Das *Münster Unserer Lieben Frau* am Marktplatz ist eine dreischiffige gotische Pfeilerbasilika, deren Grundstein 1436 gelegt wurde. Sie bewahrt in ihrem In-

nern die Reliquien der drei „Hausherren" (Stadtpatrone) der Stadt: St. Zeno, St. Theopont und St. Senesius.

ÖSTERREICHISCHES SCHLÖSSCHEN
Renaissancebau mit markantem Staffelgiebel. Der Bau wurde 1619 begonnen, fertiggestellt wurde er Anfang des 18. Jhs. Heute befindet sich hier die Stadtbücherei. *Marktplatz 8*

STADTMUSEUM
Das Museum ist in der historischen Stadtapotheke mit ihrer Originaleinrichtung untergebracht. Gezeigt werden Exponate zur Stadtgeschichte von der Ur- und Frühzeit bis in die Moderne. Außerdem gibt es eine Sammlung mit Bildern des Biedermeier-Malers Carl Spitzweg und übers Jahr eine Reihe von Sonderausstellungen. *Di–So 10–12.30 u. 14–17.30 Uhr (Do bis 20 Uhr) | Marktplatz 2 | www. radolfzell.de | Eintritt 6 Euro*

VILLA BOSCH
Städtische Galerie in altem Bürgerhaus mit wechselnden Ausstellungen, Lesungen, Vorträgen und Konzerten. Das *Kabinett Villa Bosch* stellt Maler und Bildhauer aus der Region vor. *Di–So 14–17.30 Uhr | Scheffelstr. 8 | www.radolfzell.de | Eintritt je nach Veranstaltung*

ESSEN & TRINKEN

STRANDCAFÉ METTNAU
Regionale und saisonale Spezialitäten auf der Halbinsel Mettnau. *Tgl. ab 11 Uhr, in der Saison ab 9 Uhr | Strandbadstr. 102 | Tel. 07732 16 50 | www. strandcafe-mettnau.de | €–€€*

WIRTSCHAFT ZUM KRANZ
In diesem Landgasthaus mit Gartenwirtschaft gibt es Most vom Fass und dazu die bekannten Dünnele. *Mi geschl. | Berg-*

str. 3 | Liggeringen | Tel. 07732 103 66 | www.kranz-duennele.de | €

EINKAUFEN

BAUERNMARKT
Frischer geht es nicht: regionale Spezialitäten aller Art frisch vom Erzeuger. *Mo–Fr 9–18, Sa 8–13 Uhr | Bahnhofstr. 5*

FLOHMARKT
Jeden ersten Samstag im Monat zwischen April und Oktober bieten Trödler Kunst und Kitsch an. *Markthallenstr./ Friedrichstr.*

SEEMAXX
Factory Outlet Center mit mehr als 20 verschiedenen Marken zu Fabrikverkaufspreisen. *Mo–Sa 10–19 Uhr | Schützenstr. 50 | Tel. 07732 94 09 99 30 | www. seemaxx.de*

FREIZEIT & SPORT

DAV-KLETTERZENTRUM
Erfahrene Kletterer, aber auch Anfänger und Kinder finden geeignete Routen auf 1700 m^2 Kletterfläche. *Mo–Fr 9–22.30 Uhr, Sa, So 10–21 Uhr | Güttingerstr. 17/1 | Tel. 07732 95 98 48 | www. kletterwerk.de | 12,50 Euro pro Tag*

AM ABEND

DIXIE-FLOSSFAHRT
Während der Saison startet diese musikalische Seefahrt alle zwei Wochen. *Ticket 16 Euro | Infos bei der Touristinformation*

MILCHWERK
Wo früher aus Milch Joghurt und Butter wurde, findet heute im *Tagungs- und Kulturzentrum Milchwerk* ein attraktives Kulturprogramm statt: Konzerte, Messen,

Theater. Mit Gastronomie. *Güttingerstr. 19 | Tel. 07732 8 13 62 | www.milchwerk-radolfzell.de*

ÜBERNACHTEN

HOTEL KRONE AM OBERTOR

Denkmalgeschütztes Haus, das schon seit 400 Jahren als Hotel genutzt wird. Direkt in der Innenstadt. *17 Zi. | Obertor-str. 2 | Tel. 07732 9 29 90 u. 48 04 | www. bodenseehotel-krone.de | €€*

ZIELE IN DER UMGEBUNG

HÖRI (119 E–F 3–4) (*E3–4*)

Auf der grünen Halbinsel gedeihen Obst und Gemüse, das entlang der Straßen angeboten wird. Doch nicht nur Bauern, auch Autoren und Künstler fanden auf der Höri ihre Heimat. 1904 ließ sich der Schriftsteller Hermann Hesse (1877–1962) hier nieder. Im ihm gewidmeten Museum in *Gaienhofen* (3200 Ew.), das 10 km von Radolfzell entfernt ist, können

Im Hermann-Hesse-Hörimuseum gibt es ständig wechselnde Ausstellungen

INSIDER TIPP ▶ STROHHOTEL

In frischem Heu bettet Familie Aichem auf dem *Sonnhof* im Stadtteil Güttingen ihre Gäste. Bis zu 30 Personen finden so eine günstige Übernachtungsmöglichkeit. Schlafsäcke und Taschenlampen mitbringen. *Sonnhof 1 | Tel. 07732 16 25 | www.sonnhof-aichem.de | €*

AUSKUNFT

TOURISTINFORMATION

Bahnhofsplatz 2 | 78315 Radolfzell | Tel. 07732 8 15 00 | www.radolfzell.de

die Besucher nachvollziehen, wie der Autor von „Unterm Rad" und „Der Steppenwolf" gelebt hat.

Im Dritten Reich lebten auf der Höri viele Maler, deren Kunst als „entartet" galt. Dazu gehörten Otto Dix, Erich Heckel, Helmuth Macke und Max Ackermann. Gemälde und Skulpturen im *Hörimuseum* (Mitte März–Okt. Di–So 10–17 Uhr, Nov.–Mitte März Fr, Sa 14–17, So 10–7 Uhr | www.hermann-hesse-hoeri-museum.de | Eintritt 3 Euro). Daneben bildet das ehemalige Wohnhaus des Malers Otto Dix (1891–1969) im Nachbardorf *Hemmenhofen* einen kulturellen Höhepunkt. Er lebte hier von 1936 bis zu seinem Tod. Dauer- und Wechselausstellungen geben Einblick in Leben und Werk. *Otto-Dix-Haus | Mitte März–Okt. Di–Sa 14–18, So 11–18 Uhr | Otto-Dix-Str. 6 | www.otto-dix-haus.com | Eintritt 3,50 Euro*

Von der kleinen ☀ Kirche in *Horn* ist die Sicht auf Untersee und Reichenau einfach traumhaft. Die höchste Erhebung ist der *Schiener Berg*. Wanderwege geben den Blick auf See und Hegau frei. Im *Restaurant* des *Silencehotels Gottfried (18 Zi.)* in *Moos* finden Feinschmecker vorwiegend badische Spezialitäten *(Do geschl. | Böhringer Str. 1 | Tel. 07732 9 24 20 | www.hotel-gottfried.de | €€–€€€)*. Im *Landgasthof Sternen* in *Bankholzen* gibt es deftige Küche *(18 Zi., 2 Apt. | Tel. 07732 24 22 | www.zum-sternen.de | €)*.

METTNAU (119 E–F3) (*ΩJ E3*)

Die Halbinsel Mettnau teilt das nordwestliche Ende des Untersees in den Markelfinger Winkel und den Zeller See. Sie ist neben bevorzugtem Wohngebiet und Kurzentrum eines der ältesten Naturschutzgebiete in Deutschland. Durch das 140 m² große Gebiet führt ein ⊙ *Naturpfad* durch eine urtümliche Landschaft aus Schilf und Feuchtwiesen. Ein Teil dieses Wegs ist nur von September bis April, außerhalb der Brutzeit, zugänglich. ☀ Der *Finckh-Turm* bietet einen guten Überblick. Fernglas und vor allem Gummistiefel sollten Sie dabeihaben. *Führungstermine bei der Touristinformation | www.nabu-mettnau.de*

SINGEN (HOHENTWIEL)
(119 D2–3) (*ΩJ C2–3*)

Bei einem Ausflug nach Singen (45 000 Ew.), 12 km von Radolfzell, entfernt man sich vom idyllischen Bodenseeufer. Die junge Stadt (seit 1899) kann nicht mit dem geschlossenen Bild der gewachsenen Städte in der Umgebung mithalten, lockt dafür aber mit einer Fußgängerzone und günstigen Geschäften. Auf dem Gelände der ehemaligen Landesgartenschau am Aachufer ist ein Naherholungsgebiet entstanden. *Touristinformation Singen | August–Ruf-Str. 13 | 78207 Singen | Tel. 07731 8 52 62 | www.singen.de, www.hegau.de*

Vor allem lohnt sich ein Abstecher auf den ☀ Vulkankegel des *Hohentwiel* mit seiner Festungsruine, die zu den größten in Deutschland gehört. Erlebniswege führen zu vulkanischen und historischen Spuren. *Tgl., April–Sept. 9–19.30, Okt. u. März 10–18, Nov.–Feb. 11–16 Uhr | 3 Euro*

REICHENAU

(120 A4–5) (*ΩJ F4*) ★ **Wer nicht mit dem Schiff kommt, erreicht die Insel Reichenau vom Festland über einen Damm. Der von Pappeln gesäumte Weg zur Insel ist Endpunkt der Deutschen Alleenstraße, die auf Rügen beginnt.**

Nach dem Jahrhunderthochwasser 1999, als der Damm tagelang überflutet war, wurde der Radweg (1,5 km) neben der Straße um 90 cm aufgeschüttet. Er dient nun bei Hochwasser als Notweg. Die 4,5 km lange und 1,5 km breite Insel, die größte im Bodensee, ist von ihrer Geschichte als Kloster- und Gemüseinsel geprägt. Felder und Gewächshäuser, Kirchen und einzelne Siedlungen kennzeichnen die Reichenau, die mit fruchtbarem Boden und ertragreichen Fischgründen ihrem Namen als „Reiche Au" gerecht wird.

Im Jahr 2000 erklärte die Unesco die Insel als „herausragendes Zeugnis der kulturellen Rolle eines Benediktinerklosters im Mittelalter" zum Welterbe. Die Insel hat 3500 Ew.; zur politischen Gemeinde gehören auch Ortsteile auf dem Festland (1500 Ew.). Der Aufschwung der Reichenau begann 724, als der Wanderbischof Pirmin auf der damals unbewohnten Reichenau ein Kloster gründete. An ihn erinnert eine Statue am Damm. Vom 8. bis zum 11. Jh. entwickelte sich die Reichenau zu einem geistigen Zentrum des Abendlands. Im späteren Mittelalter

April–Okt. Di–So 10.30–16.30 Uhr, Juli u. Aug. Di–So 10.30–17.30 Uhr, Nov.–März Sa, So 14–17 Uhr | www.museumreichenau.de | Eintritt 3 Euro

ST. GEORG IN OBERZELL
Die Kirche taucht kurz nach dem Damm inmitten von Gemüsefeldern auf. Erbaut im 9. Jh., ist sie in Teilen nahezu unverän-

Gemüsefelder und Gewächshäuser prägen die Reichenau; vorne die Basilika St. Peter und Paul

verarmte das Kloster, und ein schneller Niedergang folgte. Die drei wichtigsten Kirchen blieben jedoch erhalten. 1757 wurden die letzten Mönche auf andere Klöster verteilt und das Kloster aufgelöst.

SEHENSWERTES

MUSEEN
In vier Museumsbauten wird über die Geschichte der Reichenau und ihrer Kirchen informiert. Sie befinden sich neben den drei Kirchen und am alten Museum Reichenau *(Ergat 1)*. *Alle Museumsgebäude:*

dert. Weltgeltung haben die **INSIDER TIPP** Wandbilder im Innern, die um 1000 entstanden. Sie sind die einzig erhaltene Kirchenausmalung nördlich der Alpen aus dieser Zeit und zeigen Szenen aus dem Leben Jesu. *Besuch aus Denkmalschutzgründen eingeschränkt | Führungen im Sommer Mo 17 Uhr*

ST. MARIA UND MARKUS IN MITTELZELL
Dieses Münster liegt im Hauptort der Insel. Erstmals stand hier 724 eine Kirche. Die ältesten erhaltenen Bauteile

der dreischiffigen romanischen Basilika stammen von 816, danach gab es bis ins 15. Jh. hinein Ergänzungen, wie den Westbau mit seinem gotischen Chor, und Umbauten. Die *Schatzkammer* mit Reliquienschreinen ist erhalten *(April–Okt. Mo–Sa 11–12 u. 15–16 Uhr)*, auch der *Kräutergarten* ist sehenswert *(Führungen Do 17 Uhr)*.

ESSEN & TRINKEN

SANDSEELE

Ganz an der Westspitze gelegener Biergarten auf dem *Campingplatz Sandseele*, Terrasse direkt am See, Strand und Kinderspielplatz, Ziel für Radtouren und Wanderungen. *April–Sept. tgl. | Bradlengasse 24 | Niederzell | Tel. 07534 73 84 | €*

Zu St. Maria und Markus in Mittelzell gehört natürlich auch ein Klostergärtlein

ST. PETER UND PAUL IN NIEDERZELL

Doppeltürmige, dreischiffige Säulenbasilika aus dem 11. und 12. Jh. Vor 100 Jahren freigelegte Wandmalereien aus der späten Romanik (Apsisgemälde vom Ende des 11. Jhs.) sind neben der Rokokoausstattung aus dem 18. Jh. mit ihren Stuckierungen zu sehen.
In einer kleinen Kapelle **INSIDER TIPP** halten Benediktinermönche Stundengebete. Mehrmals täglich können Besucher mit ihnen Andacht halten. Es sind die ersten Mönche, die seit über 200 Jahren wieder ständig auf der Insel leben, in einem kleinen, neuen Kloster.

SEEHOTEL SEESCHAU

Gehobene Küche, abends Gourmetniveau, Bodenseefische. Schöne Terrasse am See. Zugleich Hotel der Luxusklasse (23 Zi.). *Tgl. | An der Schiffslände 8 | Mittelzell | Tel. 07534 257 | www.seeschau. com | €€–€€€*

ZUM ALTEN MESMER ☺

Seit über 100 Jahren Traditionsrestaurant gegenüber dem Münster. Konservierungsstoffe & Co haben hier Hausverbot, gerne in Töpfe und Pfannen wandern dagegen Biogemüse und Eier von der Insel, Fisch aus dem See, und auch das Fleisch kommt aus der Region. *Mo ab 15 Uhr geschl. | Burgstr. 9 | Mittelzell | Tel. 07534 239 | www.zumaltenmesmer.de | €€*

EINKAUFEN

GEMÜSEGÄRTNEREIEN

Reichenauer Gemüsegärtner ernten auf 240 ha Anbaufläche jedes Jahr über 20 000 t Tomaten, Salat und Gurken. Bei zwei Gärtnereien kann man neben dem Einkauf auch die Gewächshäuser besichtigen. *Treffpunkt bei der Tourist-Information erfragen | Mai–Sept. Do 17 Uhr*

WERKGALERIE HOCHWART ✹

Am höchsten Punkt der Insel, inmitten der Reben (kleiner Weinlehrpfad), befindet sich „die" Hochwart. In dem 1833 erbauten, zweigeschossigen Teehäuschen aus Holz sind eine Galerie für Kunsthandwerk und eine Keramikwerkstatt untergebracht. *Di, Mi, Fr, Sa 15–18 Uhr*

FREIZEIT & SPORT

Die Reichenau ist ein Paradies für Radfahrer, Wanderer und Inlineskater. Über Insel und Damm führen asphaltierte Wege. Vor allem bei Familien mit Kindern sehr beliebt ist das *Strandbad*, weil das Ufer hier sehr flach und das Wasser immer einige Grad wärmer ist. Manchmal bildet sich auf dem *Gnadensee* zwischen Allensbach und der Reichenau eine `INSIDER TIPP` tragende Eisschicht. Dann kommen die Leute von überall her zum Eislaufen, das auf dem fast nie zufrierenden Bodensee sonst kaum möglich ist.

ÜBERNACHTEN

MOHREN

Nahe beim Münster, mit rustikaler Ratsstube und modern eingerichtetem Restaurant, Garten. Zimmer in modernem Design. *38 Zi. | Pirminstr. 141 | Mittelzell | Tel. 07534 9 94 40 | www.mohren-bodensee.de | €€–€€€*

STRANDHOTEL LÖCHNERHAUS

Direkt am See, eigenes Strandbad mit Liegewiese und Bootssteg, dazu Restaurant (Bodenseefische!) mit Seeterrasse. *41 Zi. | Schiffslände 12 | Mittelzell | Tel. 07534 80 30 | www.loechnerhaus.de | €€€*

AUSKUNFT

TOURIST-INFORMATION

Pirminstr. 145 | 78479 Reichenau | Tel. 07534 9 20 70 | www.reichenau.de

ZIEL IN DER UMGEBUNG

ALLENSBACH (120 A3) (ℳ F3)

Das hier ansässige Institut für Demoskopie hat den Namen Allensbach bundesweit bekannt gemacht. Vom Park am Seeufer gibt es den schönsten Blick auf die Reichenau *(Schiffsfahrten zur Reichenau April–Mitte Okt. tgl. | Schiffsbetriebe Baumann | Tel. 07533 9 88 48)*. Bekannt ist Allensbach (7000 Ew.) auch für sein Kulturprogramm. Unter dem Motto „Allensbach hat's" gibt es „Jazz am See", Kleinkunst und „Hofkulturtage". Die Gruppe „Bauernsch(l)au" organisiert ☺ Ausflüge zu Betrieben der Biolandwirtschaft. *Kultur- und Verkehrsbüro | Konstanzer Str. 12 (im Bahnhof) | Tel. 07533 8 01 34 | www.allensbach.de*

Die Schwestern des Klosters im Ortsteil Hegne bieten ihren Gästen keine kargen Klosterzellen, sondern behagliche Gastlichkeit im modernen Drei-Sterne-Hotel. Es gibt keine Hotelbar, dafür aber Kapelle und Meditationsraum. *68 Zi. | Kloster Hegne, Haus St. Elisabeth | Konradistr. 1 | Tel. 07533 93 66 20 00 | www.st-elisabeth-hegne.de | €€*

ÜBERLINGER SEE

Der nordwestliche Seeteil mit seinem südländisch geprägten Nordufer und dem schroff abfallenden, bewaldeten Südufer bietet reizvolle landschaftliche Gegensätze. Hier kommen sowohl Wassersportler als auch Kulturinteressierte und Wanderer auf ihre Kosten. Besonders beliebt ist dieser Teil des Bodensees auch als Tauchrevier.

Der Überlinger See ist rund 150 m tief und deutlich schmaler als der Obersee. Vor Sipplingen wird in etwa 60 m Tiefe das Trinkwasser für gut 3,5 Mio. Menschen in Baden-Württemberg entnommen. Empfehlenswert sind Ausflüge in das Hinterland, wo die Wirte uriger Landgasthöfe ihr Brot noch selbst backen und ihren eigenen Schnaps brennen – beste Voraussetzung für eine rustikale Vesper.

BODMAN-LUDWIGS-HAFEN

(120 A1–2) *(𝄞 E–F2)* **Wer den Bodensee umrundet, der hat hier das westliche Ende des Überlinger Sees erreicht.** Ludwigshafen trägt seinen Namen erst seit 1826. Damals wurde dem Fischerdorf Sernatingen der Name des Großherzogs verliehen. Bodman ist eine der ältesten Siedlungen am Bodensee, wie Reste von Pfahlbauten aus der Stein- und der Bronzezeit belegen. Die Doppelgemeinde Bodman-Ludwigshafen (4000 Ew.) gibt es erst seit 1975. Zwischen den beiden

Bild: Burg Meersburg

Schlösser und Promenaden:
ideal für Wanderer und Wassersportler,
aber auch für kulturell Interessierte

Teilorten erstreckt sich das idyllische Naturschutzgebiet Aachried mit verschiedenen Aussichtsplattformen. Sie können das Gebiet zu Fuß durchqueren. Die stadteigene Motorbootgesellschaft bringt Sie auf Kurs- und Sonderfahrten quer über den Überlinger See.

SEHENSWERTES

SCHLOSS UND PARK

Das Schloss der Grafen von Bodman wird von der Familie bewohnt, der Park ist frei zugänglich *(Park April–Okt. Mo–Fr 9–18 Uhr)*. In der *Schlosskellerei (Mo–Fr 9–18, Sa 9–13 Uhr)* gibt es den Hauswein und Obstbrände. Die Blauburgundertraube, aus der der „Königsweingarten" gekeltert wird, führte Kaiser Karl der Dicke 884 ein. Seit 2007 betreibt das Unternehmen 🙂 *Graf von und zu Bodman* den Weinbau nach Naturland-Richtlinien. 2010 sind die Weinsorten des „Bodmaner Königsweingartens" zum ersten Mal mit dem EU-Bio-Siegel ausgezeichnet worden.

INSIDER TIPP ▶ SKULPTURENGARTEN

Der Bildhauer Peter Lenk, dessen Figuren überall am See zu betrachten sind, hat in Bodman nahe der Hauptstraße seinen Skulpturengarten, in dem viele seiner ironischen Werke stehen.

ÜBERNACHTEN

FISCHERHAUS

Früher war es tatsächlich einmal ein Fischerhaus, heute ist es ein kleines Hotel am Ende der Promenade mit Re-

Türkisblau schimmert das Wasser des Sees am Eingang zur Marienschlucht

ESSEN & TRINKEN

BODENWALD

Vesperstube in einem allein stehenden Hof oberhalb von Bodman, zu dem ein schöner Wanderweg führt. Spezialität des Hauses ist Bisonfleisch. *Im Sommer tgl. 12–22 Uhr, sonst Di geschl. | Auffahrt zum Hof von Liggeringen aus | Tel. 07773 50 90 | €*

KRONE

Bodenständige Hausmannskost und üppige Portionen machen satt. Den Familienbetrieb gibt es seit fünf Generationen. *Im Sommer tgl. | Ludwigshafen | Hauptstr. 25 | Tel. 07773 9 31 30 | €–€€*

staurant und Café. *5 Zi., 1 Apt. | Am Torkel 9 | Bodman | Tel. 07773 55 01 | www. hotel-fischerhaus.de | €*

SEEHOTEL ADLER

Das Hotel liegt direkt am See in den Uferanlagen. Restaurant mit badischen Spezialitäten und schattigem Kastaniengarten. Wellness- und Saunalandschaft. *30 Zi. | Hafenstr. 4 | Ludwigshafen | Tel. 07773 9 33 90 | www.seehotel-adler.de | €€*

AUSKUNFT

TOURISTINFORMATION

Büro Bodman: Seestr. 5 | Tel. 07773 93 96 95; Büro Ludwigshafen: Hafenstr.

5 | Tel. 07773 93 00 40 | 78351 Bodman-Ludwigshafen | www.bodman-ludwigshafen.de

ZIELE IN DER UMGEBUNG

FASNACHTSMUSEUM SCHLOSS LANGENSTEIN (119 E1) (*ØØ D1*)

Im Schloss Langenstein (10 km entfernt am Südufer) wird auch außerhalb der fünften Jahreszeit das närrische Treiben im Hegau und am Bodensee lebendig. *März–Nov. Mi, Sa, So 13–17 Uhr | www.fasnachtsmuseum.de | Eintritt 3 Euro*

Rund um das Schloss laden Wanderwege ein. Ganz in der Nähe gibt es einen Golfplatz.

MARIENSCHLUCHT (120 B2) (*ØØ F3*)

Die wildromantische Schlucht ist tief eingeschnitten in das Tertiärgestein. Die schmalen Stege sind mit Handläufen gesichert. Besucher sollten allerdings gut zu Fuß sein. Die Schlucht liegt 7 km südöstlich von Bodman. Vom Ort aus läuft man etwa 1–1,5 Stunden zum Einstieg. Von der anderen Seite kann man von einem Parkplatz (bei Langenrain) direkt in die Schlucht einsteigen. Am Eingang zur Schlucht befindet sich eine Bootsanlegestelle, die regelmäßig von der Motorbootgesellschaft Bodman angefahren wird.

RUINE BODMAN ☼ (119 F2) (*ØØ E2*)

Für Wanderer zu empfehlen ist ein Aufstieg zur 1 km vom Ort entfernten Ruine Bodman. Die Burg der Herren von Bodman wurde 1643 niedergebrannt. Eine noch frühere Burg lag auf dem gegenüberliegenden *Frauenberg*. Diese brannte 1307 während eines Familienfests durch einen Blitzschlag nieder. Nur der einjährige Johannes überlebte die Katastrophe. Zum Dank für seine Rettung schenkte er später das Gelände dem Kloster Salem, das an der Stelle ein Klostergebäude und eine Wallfahrtskirche errichtete.

MEERSBURG

(120 C4) (*ØØ H4*) ★ **Das romantische Städtchen (5000 Ew.) steht bei den Besuchern ganz oben auf der Beliebtheitsskala, 1 Mio. Gäste kommt jährlich.** Sie lassen sich von den Gassen und Fachwerkhäusern verzaubern, die sich rund um das Alte und das Neue Schloss an einen Steilhang schmiegen. Der sagenumwobene Ursprung der Stadt geht bis in graue Vorzeit zurück: Angeblich hat Merowingerkönig Dagobert I. im 7. Jh. die Burg errichtet. Heute ist die niemals eroberte Meersburg die älteste bewohnte Burg Deutschlands. Der kleine Ort vermittelt trotz der trutzigen Mauern eine heitere, südländische Atmosphäre, im Sommer allerdings mit einer gehörigen Portion Rummel. Im Winter dagegen

---

★ **Meersburg**
Burg und Schloss des malerischen Städtchens bieten einen herrlichen An- und Weitblick → S. 51

★ **Birnau**
Die weithin berühmte Barockkirche wirkt wie in die Landschaft gemalt → S. 57

★ **Pfahlbauten**
Das Freilichtmuseum in Unteruhldingen zeigt, wie die Menschen in der Eisen- und in der Bronzezeit am Bodensee gelebt haben könnten → S. 59

MARCO POLO HIGHLIGHTS

sind zahlreiche Hotels und Gaststätten im Ort geschlossen.

SEHENSWERTES

BIBELGALERIE

Passend in einem ehemaligen Dominikanerinnenkloster untergebracht, zeigt die Bibelgalerie anschaulich zum Lesen, Riechen und Fühlen die Geschichte der Heiligen Schrift. *Mitte März–Nov. Di–So 11–13 u. 14–17 Uhr | Kirchstr. 4 | www.bibelgalerie.de | Eintritt 5 Euro*

BURG

Die mittelalterliche Burg können Sie auf einem Rundgang erkunden. Alte Kachelöfen, Schränke, die Waffenhalle und das Burgverlies geben einen Eindruck vom Leben im Mittelalter. Die Burgküche sowie der 28 m tiefe Brunnen, der auf die Höhe des Sees hinabreicht, sind ebenso erhalten wie ein unterirdischer Gang. Die Burg fiel 1268 an die Fürstbischöfe von Konstanz. Nach der Aufhebung des Bistums 1803 kaufte der Altertumsforscher Freiherr von Laßberg das vom Verfall bedrohte Gebäude. Seine Schwägerin, die Dichterin Annette von Droste-Hülshoff, lebte hier von 1841 bis zu ihrem Tod am 24. Mai 1848. Ihr Sterbe- und Arbeitszimmer steht Besuchern offen.

☼ Vom *Dagobertsturm* und von der Terrasse des *Cafés auf der Meersburg* haben Sie einen prächtigen Ausblick auf Stadt, See und Alpen. Von Juni bis September finden im Renaissancesaal **INSIDER TIPP** Konzerte mit Liedern aus Renaissance und Mittelalter statt, bei denen Musiker in historischen Gewändern auf mittelalterlichen Instrumenten spielen. *Tgl., März Okt. 9–18.30, Nov.–Feb. 10–18 Uhr | www.burg-meersburg.de | Eintritt 8,50 Euro*

DROSTE-MUSEUM IM FÜRSTENHÄUSLE ☼

Oberhalb der Weinberge wandeln die Besucher in dem Haus mit herrlichem Blick auf den Bodensee auf den Spuren der Dichterin. Annette von Droste-Hülshoff nutzte es als Rückzugsort. Biedermeiermöbel, Bilder, Bücher und viele Originalhandschriften sind erhalten. *Di–Sa 10–12.30 u. 14–18, So 14–18 Uhr | Stettener Str. 9 | www.fuerstenhaeusle.de, www.droste-gesellschaft.de | Eintritt 4,90 Euro*

NEUES SCHLOSS

Das Neue Schloss liegt über dem Bodensee mitten in der Stadt. Die seit 1526 in der Stadt residierenden Konstanzer Fürstbischöfe ließen es im 18. Jh. errichten, weil ihnen die mittelalterliche Burganlage nicht mehr genügte. In dem

LOW BUDGET

▶ *Meersburg* bietet während der Sommerferien spezielle *Kinderstadtführungen* und *geführte Wanderungen (Di und Fr)* – alles gratis. Nähere Informationen beim Meersburg Tourismus.

▶ Verschiedene *Kneipp-Tretbecken* beispielsweise im Stadtgarten von *Überlingen* und bei der Therme sind umsonst.

▶ *Geschichtliche Führungen* gibt es in *Bodman* jeden Montag in der Hauptsaison gratis. Infos bei der Touristinformation.

▶ Gratis ist auch die Besichtigung der *Bodensee-Wasserversorgung* in *Bodman*. Nähere Auskünfte bei der Touristinformation.

barocken Prachtbau mit einem Treppenhaus von Balthasar Neumann finden Schlosskonzerte statt, außerdem ist hier die *Städtische Galerie.* Im *Fürstbischöflichen Schlossmuseum* sind die Wohn- und Repräsentationsräume erhalten. Im ersten Obergeschoss dokumentiert das *Dornier-Museum* die Geschichte des Unternehmens und der Luftfahrt. *Wegen Renovierung ist das Schloss bis mindestens Frühjahr 2012 geschlossen*

che mit teils überraschenden, saisonal inspirierten Kombinationen. Angeschlossen ist ein Hotel mit 21 Zimmern. *Nov.–April Mi geschl. | Marktplatz 2 | Tel. 07532 4 30 40 | www.hotel-loewen-meersburg. de | €€*

SEEHOTEL OFF 🌿

An der östlichen Uferpromenade gibt es hier mit herrlichem Blick über den Bodensee ausgezeichnete Küche, vor allem

Die lila Blütentrauben der Glyzinen schmücken die Fassade des Hotel-Restaurants Löwen

WEINBAUMUSEUM

Neben Utensilien für die Weinherstellung gibt es eine Weinpresse von 1607 und eine Flaschensammlung zu sehen. *April–Okt. Di, Fr, So 14–18 Uhr | Vorburggasse 11 | Eintritt 2 Euro*

ESSEN & TRINKEN

LÖWEN

500 Jahre badische Gastlichkeit und doch kein bisschen muffig. Kreative Kü-

die Fischgerichte sind zu empfehlen. Direkter Zugang zum See. Hotel mit 22 Zimmern. *Tgl. | Uferpromenade 51 | Tel. 07532 4 47 40 | www.seehotel-off.de | €€–€€€*

WINZERSTUBE ZUM BECHER

Im ehemaligen Vereinslokal der Winzer verbinden sich heute Tradition, frische badische Küche mit internationalem Einschlag, familiäre Atmosphäre. *Mo geschl. | Höllgasse 4 | Tel. 07532 90 09 | www.winzerstube-zum-becher.de | €€*

MEERSBURG

STAATSWEINGUT

Weine, Essige, Wein- und Tresterpralinen. Außerdem die einzige Praline mit Patent: die „Meersburger Essigpraline". *Mo–Fr 9–18, Sa 9–16 Uhr | Seminarstr. 6*

Weinkeller im Staatsweingut Meersburg

WINZERVEREIN

40 Winzerfamilien haben sich zusammengeschlossen und vertreiben ihre Produkte gemeinsam. Weinverkauf im Wein- und Kulturzentrum. *Kronenstr. 19 | Mo–Fr 8–18, Sa 9–16 Uhr | Kellereiverkauf: Unterstadtstr. 11 | April–Okt. tgl. 10–21 Uhr*

FREIZEIT & SPORT

MEERSBURG THERME

Thermalbad mit Erlebnisbecken und speziellem Eltern-Kind-Bereich. Entspannung vom Alltag verschafft eine orientalische Hamam-Zeremonie. *Bad u. Sauna Mo–Do 10–22, Fr u. Sa 10–23, So 9–22 Uhr | Uferpromenade 12 | Tageskarte 10,50 Euro | www.meersburg-therme.de*

TANZPAVILLON WILDER MANN

Im Hotel Wilder Mann. Hier schwingen Einheimische und Gäste das Tanzbein. *April–Okt. tgl. 19–23.30 Uhr, Mi, Sa, So nachmittags Tanztee | Tel. 07532 90 11 | www.wilder-mann-meersburg.de*

AM ABEND

COCKTAILBAR MÖWE

Treffpunkt für Segler und Nachtschwärmer direkt am Fährhafen. *Mi–So 20–3 Uhr | Unterstadtstr. 1 | Tel. 07532 10 74 | www.gutgreifhof.de/moewe.html*

ÜBERNACHTEN

HOTEL WILDER MANN

Historisches Haus mit 250 m eigenem Seeufer (Bademöglichkeit), einem Rosengarten und Liegewiese. *31 Zi. | Bismarckplatz 2 | Tel. 07532 90 11 | www.wilder-mann-meersburg.de | €€–€€€*

LANDHAUS ÖDENSTEIN

Renovierte alte Villa in der Nähe der Altstadt mit Seeblick. *9 Zi., 1 Suite | Droste-Hülshoff-Weg 25 | Tel. 07532 61 42 | www.oedenstein.de | €–€€*

AUSKUNFT

MEERSBURG TOURISMUS

Kirchstr. 4 | 88709 Meersburg | Tel. 07532 44 04 00 | www.meersburg.de

ZIEL IN DER UMGEBUNG

HALTNAU (121 D4) (*H4*)

Müde Spaziergänger finden auf dem Weg von Meersburg nach Hagnau Erfrischung in der *Haltnau* (2 km von Meersburg), einem Weingut und Restaurant, idyllisch am Seeufer und inmitten der Weinberge gelegen. Hier gibt es eine deftige Vesper, Fisch und echte badische Viertele; Kinder können auf dem Spielplatz oder direkt am flachen Seeufer spielen. Die Konstanzer erhielten das schmucke Anwesen 1272 als Stiftung für ihr Spital. Legendär sind die jährlichen „Haltnausitzungen" des Konstanzer Gemeinderats, die stets vom ausgiebigen Genuss süffiger Tröpfchen begleitet werden. *Mi–Fr 9–24 Uhr | Uferpromenade 107 | Tel. 07532 97 32 | €–€€*

ÜBERLINGEN

(120 B–C 2–3) (𝒲 G2–3) **Tagesausflügler, Urlauber und Kurgäste promenieren am Ufer oder treffen sich beim Kurkonzert am See.**
Der Ort ist Kneippheilbad und auch ein Zentrum des Heilfastens. Die vielen Lokale und Straßencafés sind aber trotzdem gut besucht. Die ehemalige freie Reichsstadt (21 000 Ew.) war einst wohlhabend und ist gut erhalten.

SEHENSWERTES

FAULER PELZ
Die Städtische Galerie mit wechselnden Ausstellungen zeitgenössischer Kunst liegt direkt an der Seepromenade. *Landungsplatz | Öffnungszeiten und Eintrittspreis variieren je nach Ausstellung*

INSIDER TIPP GOLDBACHER STOLLEN
Beim heutigen Campingplatz in Goldbach mussten während des Zweiten Weltkriegs Häftlinge aus dem Konzentrationslager bei Aufkirch einen 3 km langen Stollen in den weichen Fels treiben, damit die Waffenproduktion der Friedrichshafener Industriebetriebe unter der

Erde ungehindert fortgesetzt werden konnte. *Geöffnet an jedem 1. Fr des Monats 17–19 Uhr | Eintritt frei, Spende zur Finanzierung der Dokumentationsstätte erbeten*

MÜNSTER ST. NIKOLAUS
Das Wahrzeichen der Stadt, denn der markante, 78 m hohe Turm ragt weit über die Dächer der Altstadt hinaus. Von 1350 bis 1586 wurde an dem gotischen Bau gearbeitet. Besonders wertvoll ist der viergeschossige *Hochaltar* (1613–16) des Überlingers Jörg Zürn. *Tgl. 8–18 Uhr | Münsterplatz*

RATHAUS
Direkt an der *Hofstatt*, dem Herzen von Überlingen, steht das Rathaus mit dem

Wahrzeichen: der Turm von St. Nikolaus

Pfennigturm (der alten Münze). Noch heute tagt in dem holzgetäfelten Ratssaal von 1490 der Gemeinderat. *Geführte Besichtigung Mai–Sept. Mo–Fr 11, Mo–Do 14 Uhr, Okt.–April Mi 11, Di u. Do 14 Uhr | Eintritt frei*

STADTBEFESTIGUNG

Teile der alten Stadtmauer aus dem 12. und 13. Jh. sowie des Stadtgrabens sind ebenso erhalten wie einige mächtige Rundtürme und Tore.

STADTGARTEN

Blumen und Pflanzen üppig wie im Süden, besonders sehenswert sind die mannshohen Kakteen. 🌿 Auf kleinen Treppenwegen führt der Weg zu schönen Aussichtspunkten hoch über den See. Zum Garten gehört auch ein weitläufiges Rehgehege. *Breitlestraße | Eintritt frei | Mai–Sept. botanischer Rundgang 14-tgl. Do 16–17.30 Uhr | 7 Euro*

STÄDTISCHES MUSEUM

Schon das Gebäude von 1462 ist ein Denkmal. Bodenseekunst und Gebrauchsgegenstände, außerdem eine große Sammlung historischer Puppenstuben. Vom 🌿 Garten aus schöner Blick auf die Altstadt. *Di–Sa 9–12.30 u. 14–17 Uhr, April–Okt. auch So 10–15 Uhr, Führungen Fr 10 Uhr | Krummebergstr. 30 | Eintritt 3 Euro | www.museum-ue berlingen.de*

ESSEN & TRINKEN

HALDENHOF 🌿

Auch bei Einheimischen beliebtes Ausflugslokal mit Hotel (6 Zi.) überm See (670 m). Ausgangspunkt für Spazier- und Wanderwege. Gutbürgerliche Küche. *Nov.–Feb. u. Mo geschl. | Haldenhofweg 51 | Überlingen-Bonndorf | Tel. 07773 5613 | www.gasthaus-haldenhof.de | €*

KRONE

Restaurant mit deftig-regionaler Küche, Weinstube, Biergarten, Cocktailbar und Szenekneipe unter einem Dach, und das direkt in der Fußgängerzone. *Tgl. | Münsterstr. 10 | Tel. 07551 91 99 33 | www. krone-ueberlingen.com | €*

NATURATA 🕐

Vorwiegend Vegetarisches kommt hier auf den Teller, aber auch Biorind, Lamm und Bodenseefisch. Angeschlossener Laden für Naturkost und Naturwaren. Ein 6-Zimmer-Hotel gehört auch dazu. *So geschl. | Überlingen-Rengoldshausen | Tel. 07551 95 16 13 | www.naturata-gmbh. de | €€*

EINKAUFEN

GRETH

Im einstigen Handels- und Kornhaus aus dem Jahr 1788 finden Sie heute eine Markthalle, ein Kino, Restaurants und kleine Geschäfte. Außerdem befindet sich hier die Touristinformation. *Landungsplatz*

FREIZEIT & SPORT

BODENSEETHERME 🔴

Thermal- und Sportbad mit Saunalandschaft und Unterwassermusik. *Bad und Sauna So–Do 10–22, Fr u. Sa 10–23 Uhr | Bahnhofstr. 27 | Tageskarte 11 Euro | www. bodensee-therme.de*

INSIDER TIPP STRANDBAD NUSSDORF

Rund um den See gibt es viele schöne Strandbäder, doch dieses Strandbad hat dazu ein gemütliches Bistrorestaurant (€), sodass man ein Glas Rotwein trinken kann, während man auf das Abendessen wartet und die Kinder noch im Wasser toben. *Tgl. 9–20 Uhr | Zur Forelle 14 | Eintritt 3 Euro | Tel. 07551 91 53 29*

AM ABEND

DE STALL
Gleich neben dem Galgenhölzle. Im Sommer gibt es coole Drinks auch open air. *Do 21–1, Fr u. Sa 21–2 Uhr | Münsterstr. 10 | Tel. 07551 91 99 33*

haus. Gutes Restaurant. *12 Zi. | Aufkircherstr. 20 | Tel. 07551 9 27 40 | www.buergerbraeu-ueberlingen.de | €*

PARKHOTEL ST. LEONHARD
Hoch über dem See. Specials: Tenniscollege und Schönheitsprogramme.

Außen Barock, innen Rokoko in all seiner Pracht: die Wallfahrtskirche Birnau

GALGENHÖLZLE
Internationale Biere und Livekonzerte mit Kneipenatmosphäre. Jazz-Frühschoppen. *Mo–Do 9–1, Fr u. Sa 9–2, So 10–1 Uhr | Münsterstr. 10 | Tel. 07551 91 99 35*

ÜBERNACHTEN

BAD-HOTEL MIT VILLA SEEBURG
Das Hotel liegt direkt am See und am Badgarten. Außerdem vier neue Ferienwohnungen verschiedener Größe in der *Villa Grünewald. 65 Zi. | Christophstr. 2 | Tel. 07551 83 70 | www.bad-hotel-ueberlingen.de | €€–€€€*

BÜRGERBRÄU
Im Kern von Alt-Überlingen, dem sogenannten Dorf, gelegenes Fachwerk-

168 Zi. | Obere-St.-Leonhardstr. 71 | Tel. 07551 80 81 00 | www.parkhotel-sankt-leonhard.de | €€€

AUSKUNFT

KUR UND TOURISTIK ÜBERLINGEN
Landungsplatz 5 | 88662 Überlingen | Tel. 07551 9 47 15 22 | www.ueberlingen.de

ZIELE IN DER UMGEBUNG

BIRNAU ⭐ (120 C3) (*H3*)
Sie nennt sich die schönste Barockkirche am Bodensee – und nicht nur der Bau, sondern auch die Lage am Nordufer des Überlinger Sees ist einmalig (4 km von Überlingen). Bei jährlich fast 500 000 Besuchern dürfen die Gäste allerdings

kaum mit einer stillen Andacht rechnen. Die 1750 geweihte Birnau ist Wallfahrts- und Hochzeitskirche. Gebaut hat sie der Vorarlberger Baumeister Peter von Thumb, die reichen Ausschmückungen und Stuckaturen stammen von Joseph Anton Feuchtmayer, die Deckengemälde und -fresken von Gottfried Bernhard Goetz. Sie gehörte zum Kloster Salem und wurde nach dessen Aufhebung im Jahre 1803 genau 111 Jahre lang als Lager genutzt. Heute gehört sie den Zisterziensern des Klosters Mehrerau.

Eine Besonderheit der Birnau sind ihre insgesamt zehn Uhren, darunter drei Sonnenuhren. Die Bauherren demonstrierten damit nicht nur ein Interesse für die exakte Zeitmessung, die Uhren stehen auch für die Endlichkeit des irdischen Daseins. Sieben Uhren werden von einem 3 t schweren schmiedeeisernen Uhrwerk aus dem Jahr 1750 angetrieben. Vier Zifferblätter schmücken die vier Turmseiten, drei Uhren befinden sich im Innern der Kirche: eine Sonnenzeituhr, die sogenannte Marienuhr und eine Monduhr, die an einer sich drehenden Kugel die Mondphasen anzeigt. Noch bekannter als die Uhren ist aber ein kleines, dickes Barockengelchen, genannt „Der Honigschlecker", am Bernhardsaltar. *Sommer 7.30–19, Winter 7.30–17.30 Uhr*

HEILIGENBERG (121 D1–2) *(🗺 J2)*

Luftkurort (2900 Ew.), der rund 400 m über dem See liegt, 19 km nordöstlich von Überlingen. Ein beliebter Aussichtspunkt ist die 🌿 *Amalienhöhe*, auf der Fürstin Amalie (1795–1869) für jedes ihrer sieben Kinder eine Linde pflanzen ließ. Rund um den Ort gibt es viele Spazier- und Wanderwege. Das *Fürstenbergische Schloss*, ein reich ausgestatteter Renaissancebau aus dem 16. Jh., ist zu besichtigen *(Führungen Mitte April–Okt. Di–So 11, 14, 15.30 Uhr | 10 Euro)*. Über-

nachten können Sie im *Berghotel Baader*. Bekannt ist Clemens Baader vor allem für seine hervorragende Küche, aus der auch spezielle „BodyCur"-Gerichte ohne Fett, Zucker und Kohlenhydrate kommen *(16 Zi. | Di geschl. | Salemer Str. 5 | Tel. 07554 80 20 | www.hotel-baader.de | Hotel €€, Restaurant €€€)*.

SALEM (120–121 C–D2) *(🗺 H–J 2–3)*

Zisterzienser gründeten im 12. Jh. die ehemalige Reichsabtei (11 km östlich von Überlingen). Im Mittelalter und erneut im 18. Jh. erlebte das Kloster Salem eine wissenschaftliche und wirtschaftliche Blütezeit bis zur Säkularisierung 1803, die das Kloster zu einer markgräflichen Residenz machte. Heute ist das weitläufige Areal der Stammsitz der Markgrafen von Baden; 2009 verkaufte die Familie den größten Teil der Anlage an das Land Baden-Württemberg.

Besucher können auf 17 ha Kunst- und Architekturschätze aus sieben Jahrhunderten, den Marstall, die Schmiede und den Prälaturkeller besichtigen. Dazu gibt es ein *Feuerwehrmuseum*, ein *Brennerei- und Küfereimuseum* sowie ein *Kunsthandwerkerdorf. April–Okt. Mo–Sa 9.30–18, So 10.30–18 Uhr | www.salem.de | Eintritt 7 Euro*

Bekannt ist die Privatschule *Schloss Salem* als feine Internatsadresse. Golo Mann, Königin Sofia von Spanien und Prinz Philip von England haben hier die Schulbank gedrückt.

Neben Schloss Salem sind im Ortsteil *Mimmenhausen* das ehemalige INSIDER TIPP Wohnhaus und die Werkstatt des bedeutenden Rokokokünstlers Joseph Anton Feuchtmayer zu besichtigen. Das *Museum* lässt auch die Arbeitsbedingungen im 18. Jh. lebendig werden. *April–Okt. Sa u. So 11–17 Uhr | Feuchtmayerstr. 7 | www.feuchtmayermuseum.de | Eintritt 2,50 Euro*

SIPPLINGEN (120 B2) (⟋ F2)

Der romantische Dorfkern mit vielen Fachwerkhäusern machte Sipplingen (2190 Ew.) vor Jahren zum Sieger beim Bundeswettbewerb „Unser Dorf soll schöner werden". Im milden Klima am Südhang gedeihen die bekannten Sipplinger Kirschen und andere Obstsorten. Sie kommen nicht nur als Frischobst oder Saft auf den Markt – über dreißig Kleinbrennereien produzieren hier Hochprozentiges. Bekannt ist Sipplingen (7 km nordwestlich von Überlingen) als Sitz der Bodenseewasserversorgung. Im Überlinger See wird täglich das Trinkwasser für 3,5 Mio. Menschen entnommen und bis in den Stuttgarter Raum gepumpt.

Zentral liegt das *Hotel Krone am See,* das 2008 komplett umgebaut wurde und seine Gäste mit einem eigenen Badestrand und regionaler Küche verwöhnt *(30 Zi. | Seestr. 54 | Tel. 07551 6 32 11 | www.krone-am-see.de | €€).* Touristinformation: *Seestr. 3 | 78354 Sipplingen | Tel. 07551 9 49 93 70 | www.sipplingen.de*

UHLDINGEN-MÜHLHOFEN
(120 C3) (⟋ H3)

Hauptattraktion des für seinen umweltfreundlichen Tourismus ausgezeichneten Orts (10 km südlich am Seeufer gelegen) sind die ⭐ 🔵 *Pfahlbauten* in Unteruhldingen. Im ältesten Freilichtmuseum Europas wurden 23 Häuser in Pfahlbauweise aus der Zeit zwischen etwa 4000 und 850 v. Chr. nachgebaut. Die ersten Nachbauten wurden zwischen 1922 und 1940 errichtet. Das jüngste Haus stammt aus dem Jahr 2007. Auch die Häuser aus der ARD-Serie „Steinzeit – Das Experiment. Leben wie vor 5000 Jahren" (2007) wurden hier wieder aufgebaut.

Rund um den Bodensee sind mehr als 100 Standorte von Pfahlbausiedlungen aus der Jungsteinzeit und der Bronzezeit belegt. Ein Dorf konnte zwischen fünf

Unteruhldingen: Im Pfahlbaudorf wird die Bronzezeit lebendig

und 80 Häuser umfassen. *April–Sept. tgl. 9–19, Okt. tgl. 9–17, Nov. u. März Sa u. So 9–17, Feb. So 10–16 Uhr | Feb. u. März, Nov. u. Dez. Mo–Fr Gruppenführung um 11 u. 14.30 Uhr | www.pfahlbauten.de | Eintritt 7 Euro*

Am großen Yachthafen treffen sich Skipper, Einheimische und Urlauber. Von Mai bis September findet hier jeden Sonntag um 17 Uhr ein **INSIDER TIPP▶** Promenadenkonzert statt. Touristeninformation: *Schulstr. 12 | 88690 Uhldingen-Mühlhofen | Tel. 07556 9 21 60 | www.seeferien.com.*

OBERSEE

Am Obersee erreicht der Bodensee seine größte Breite: Bis zu 14 km trennen deutsches und schweizerisches Ufer auf der Höhe von Friedrichshafen. Der See zeigt verschiedene Gesichter: Mal rücken bei klarer Sicht die Alpen nah heran, mal bringen Stürme Segler in Lebensgefahr.

Am Ufer reiht sich ein herausgeputzter Urlaubsort an den nächsten, Sonnenschirme schmücken die Uferpromenaden, bunte Blumen die Hausfassaden. Im Hinterland locken urige Gasthäuser und der Blick über Streuobstwiesen. In der Industriestadt Friedrichshafen wird Technikgeschichte lebendig: im Zeppelin- und im Dornier-Museum oder bei einem Flug mit dem Zeppelin NT, der seine Kreise über dem Bodensee zieht.

FRIEDRICHS-HAFEN

(121 F4) *(M K–L4)* **Messe, Flughafen, große Industriebetriebe wie ZF Friedrichshafen, Dornier und MTU: Friedrichshafen (57 000 Ew.) zeigt einen anderen Charakter als die meisten Orte am Bodensee.**

Die Stadt ist größtes Industriezentrum der Region und gilt als ihr aufstrebender Mittelpunkt, vor allem wegen ihrer Wirtschaftskraft. Damit machen die Friedrichshafener wett, dass ihnen eine lange Geschichte fehlt: Erst 1811 vereinigte König Friedrich I. von Württemberg zwei alte Siedlungen zur neuen

Bild: Hafen von Lindau

Lebendige Häfen, sanfte Hügel:
Ein Urlaubsort liegt neben dem anderen,
mit Friedrichshafen als Zentrum

Stadt Friedrichshafen. Im Zweiten Weltkrieg wurde die Stadt wegen der vielen
Rüstungsbetriebe zu 70 Prozent zerstört.
Dies ist Friedrichshafen immer noch an-
zusehen, auch wenn die Kommune Geld
investiert. Markenzeichen der Stadt ist
heute wieder der Zeppelin. Lange Zeit
nur noch Legende, werden seit 1997
wieder Luftschiffe gebaut. Oft kreist ein
Zeppelin über Stadt und See, der sich an
der Ufermole auch in Friedrichshafen von
seiner schönen Seite zeigt, Industriestadt
hin oder her.

SEHENSWERTES

DORNIER-MUSEUM ⭐
Direkt neben dem Flughafen Friedrichshafen vermittelt das 2009 eröffnete Museum in Form eines Hangars Einblick in
100 Jahre Luft- und Raumfahrtgeschichte.
Claude Dornier gilt als einer der Pioniere
unter den Flugzeugbauern. Auf 5000 m²
Fläche können zahlreiche historische
Flugzeuge, darunter legendäre Klassiker
wie die Do 27 oder der Senkrechtstarter
Do 31, und eindrucksvolle Modelle be-

staunt werden. Teile eines originalen Spacelab sowie ein begehbares Sonnensystem lassen die Besucher nach den Sternen greifen. *Mai–Okt. tgl. 9–17 Uhr, Nov.–April Di–So 10–17 Uhr | Claude-Dornier-Platz 1 | www.dorniermuseum.de | Eintritt 9 Euro*

SCHLOSS

Hier wohnt noch heute der Herzog von Württemberg – und will nicht gestört werden: keine Innenbesichtigung. Ursprünglich war der 1654 errichtete Bau ein Benediktinerkloster, nach dessen Auflösung 1802 wurde das Gebäude um-

Zeppelin-Museum: Nachbau der Gondel von LZ 129 „Hindenburg" über einer Maybach-Limousine

gebaut. Von 1824 bis 1918 verbrachten die württembergischen Könige hier die Sommer. *Westliches Ende der Promenade*

PROMENADE

Bahnhof und Parkhäuser liegen nahe am Ufer, nur wenige Schritte von der Promenade entfernt. Der Weg am Wasser reicht vom Hafen (Fähre nach Romanshorn, Liegeplatz der Weißen Flotte) nahe der Rotachmündung im Osten bis zur Schlosskirche im Westen. Er führt vorbei am *Yachthafen* und am *Graf-Zeppelin-Haus.* An der Uferpromenade liegt der Stadtgarten mit dem *Zeppelin-Denkmal.* Wer gerne in die Ferne schaut, hat am Fährhafen seine Freude: Auf einer Mauer steht der ● *Moleturm.* Wenn Sie die Treppen der 22 m hohen Stahlkonstruktion mit neun Stockwerken bewältigt haben, blicken Sie weit über See und Stadt. *Kostenlos jederzeit begehbar*

SCHLOSSKIRCHE

Ebenfalls am Westende der Promenade steht die von Christian Thumb errichtete barocke Kirche (1695–1701). Die beiden Kuppeltürme (55 m) sind neben dem Zeppelin das Wahrzeichen der Stadt. Seit 1812 ist die nach dem Zweiten Weltkrieg wieder aufgebaute Kirche evangelisch. *Mitte April–Okt. Sa–Di, Do 9–18, Mi 14.30–18, Fr 11–18 Uhr*

SCHULMUSEUM

1000 Jahre Schulgeschichte in 19 Räumen. Drei Klassenzimmer von 1850,

1900 und 1930 sind den Besuchern zugänglich. *April–Okt. tgl. 10–17 Uhr, Nov.–März Di–So 14–17 Uhr | Friedrichstr. 14 (beim Graf-Zeppelin-Haus) | www. schulmuseum-fn.de | Eintritt 3 Euro*

ZEPPELIN-MUSEUM ★ ●

Beim Besuch der weltgrößten Sammlung zur Geschichte der Luftschifffahrt können die Besucher in einen Mythos einsteigen: Mittelpunkt der Ausstellung ist ein knapp 40 m großer Teilnachbau des Luftschiffs „Hindenburg" samt Kabinen und Passagierräumen. Andere Abteilungen informieren über Geschichte und Technik. Zum Museum gehört auch eine *Kunstsammlung* mit dem Schwerpunkt Kunst der Bodenseeregion der letzten 500 Jahre. Regelmäßige Wechselausstellunge und schöner *Museumsshop. Mai–Okt. tgl. 9–17 Uhr, Nov.–April Di–So 10–17 Uhr | Seestr. 22 (im Hafenbahnhof) | www. zeppelin-museum.de | Eintritt 7,50 Euro*

Wer sich die Geschichte lieber erwandern möchte, sollte den 12 km langen *Zeppelinpfad* ablaufen. Er führt von der Innenstadt zum Flughafen, vorbei an wichtigen Standorten der Industriegeschichte, beispielsweise in *Manzell,* wo früher die Luftschiffe gebaut wurden.

ESSEN & TRINKEN

BUCHHORNER HOF

Ältestes Restaurant Friedrichshafens, gehobene internationale Küche, zugleich Luxushotel (97 Zi.). *Tgl. | Friedrichstr. 33 | Tel. 07541 20 50 | www.buchhorn.de | €€–€€€*

GOLDENES RAD

Mehrfach ausgezeichnetes Restaurant mit entsprechend sehr guter Küche. Auch Hotel (Best Western, 70 Zi.). *So geschl. | Karlstr. 43 | Tel. 07541 28 50 | www. goldenes-rad.de | €€–€€€*

KURGARTENRESTAURANT ⚜

Stellvertretend für die Lokale an der Promenade: Hierher kommen die meisten Gäste nicht wegen der mehr oder weniger austauschbaren Speisekarten, sondern wegen des einmaligen Seeblicks. Dazu passend gibt's Fischgerichte. *Tgl. | Olgastr. 20 | Tel. 07541 3 20 33 | €€*

FREIZEIT & SPORT

INSIDER TIPP ► FISCHERBOOT

Frühmorgens oder abends mit einem Berufsfischer hinausfahren und dabei sein, wenn er die Netze auslegt oder den Fang einholt. Nur nach Anmeldung über die Touristinformation. *Gert Meichle | Steinbeißstr. 6 | Tel. 07541 37 16 71 | 15 Euro*

PLANWAGEN

Eine Stunde mit dem Planwagen auf schmalen Wegen, gezogen von zwei Pferden. *Mai–Sept. Mi 18 Uhr ab Touristinformation Fischbach | Zeppelinstr. 300 | Anmeldung jew. bis Do 13 Uhr: Tel. 07541 4 14 31 | 8 Euro*

★ **Dornier-Museum**
100 Jahre Luft- und Raumfahrtgeschichte in einem modernen, hangarförmigen Museum → S. 61

★ **Zeppelin-Museum**
Die Geschichte der fliegenden Zigarren, anschaulich präsentiert in einer einzigartigen Ausstellung → S. 63

★ **Lindau**
Die ganze Schönheit einer Stadt auf einer Insel: schmucke Patrizierhäuser und der Hafen mit Leuchtturm und Löwe → S. 68

MARCO POLO HIGHLIGHTS

Die seltene Sibirische Schwertlilie
benötigt sumpfigen Boden

BAHNHOF FISCHBACH
Ehemaliger Bahnhof im Vorort, heute Kulturzentrum mit Kleinkunst in der Vega-Bar und Restaurant. *Tgl. | Eisenbahnstr. 15 | Tel. 07541 4 42 24 | www. bahnhof-fischbach.de*

GRAF-ZEPPELIN-HAUS
Kongress- und Kulturzentrum: vom klassischen Konzert bis zum Boulevardtheater, vom Kabarettauftritt bis zum Ballabend. Mit Restaurant. *Olgastr. 20 | Vorverkauf: Tel. 07541 28 84 44 | www.gzh.de*

HALBHUBER AIRPORT
Szeneclub, Bar und Restaurant direkt im Flughafen, ständig wechselnde Programme und Stile. SB-Restaurant tgl. ab 8 Uhr. Do ab 18.30 Uhr Livejazz. *Fr u. Sa 22–4 Uhr | Am Flugplatz 64 | Tel. 07541 95 33 50 | www.halbhuber-airport.de*

GERBEHOF
Urlaub auf dem Bauernhof mit Streichelzoo und Ponys, Kutschfahrten und Spielplatz. *9 Zi. u. Apt. | Gerbehof 4 | Friedrichshafen-Ailingen | Tel. 07541 5 00 20 | www. gerbehof.de | €*

HOTEL KOENIGSAECKER
Familienbetrieb nahe am beheizten Freibad Fischbach, mit eigenem Seezugang. *9 Zi. | Zeppelinstr. 299 | Friedrichshafen-Fischbach | Tel. 07541 4 31 77 | €€*

SEEHOTEL
Modernes City-Hotel mit allem Komfort, Tiefgarage, Sauna und Dachterrasse. Zwar nicht mit der Atmosphäre eines Familienbetriebs, aber dafür direkt am Bahnhof gelegen, sodass das Kofferschleppen entfällt. *132 Zi. | Bahnhofplatz 2 | Tel. 07541 30 30 | www. seehotelfn.com | €€€*

TOURISTINFORMATION
Bahnhofplatz 2 | 88045 Friedrichshafen | Tel. 07541 3 00 10 | www.friedrichshafen. info

INSIDER TIPP ERISKIRCHER RIED
(121 F5) (*L5*)

Tausende der sonst seltenen Sibirischen Schwertlilien färben die Wiesen des Eriskircher Rieds von Mitte Mai bis Mitte Juni blauviolett, das Ausmaß der Blütenpracht ist europaweit einmalig. Das Naturschutzgebiet (2 km von Friedrichshafen) mit seinen Auwäldern und Streuwiesen zwischen den Mündungen von Schussen und Rotach ist das größte am Nordufer des Sees. Von zwei Plattformen am Seeufer können die Besucher Wasservögel beobachten. Lehrpfade führen durch das Ried. Der alte Bahnhof beherbergt ein  *Naturschutzzentrum* mit diversen Ausstellungen *(April–Sept. Di–So 14–17, Fr auch 9–12 Uhr, Okt.–März Di–Do 14–16, Fr 9–12, So 14–17 Uhr | Bahnhofstr. 24 | www.naz-eriskirch.de | Eintritt frei)*. Eriskirch selbst (4700 Ew.) ist einer der vielen idyllischen Orte am Bodensee. Verkehrsamt: *Schussenstr. 18 | 88097 Eriskirch | Tel. 07541 97 08 22*

IMMENSTAAD (121 D–E4) (*ⓜ J4*)

In den Somnenuntergang segeln Sie von Immenstaad (6000 Ew., 10 km) aus mit dem Nachbau eines historischen Lastenseglers, einer *Lädine*. Die 17 m lange ● *St. Jodok* startet auch tagsüber zu Rundfahrten *(April–Okt. | ab 11 Euro | Fahrplan: Tel. 0151 15 13 08 80 | www.laedine.de)*.

Auf dem *Apfelweg* lernen Besucher viel über den Obstbau. Der Themenwanderweg ist 6 km lang und führt an 20 Infostationen vorbei.

Der *Abenteuerpark Hochseilgarten* bietet bewegte Urlaubsfreude auf einem Parcours durch den Wald. *Tgl., Mitte April–Mitte Juni 10–19, Mitte Juni–Mitte Sept. 9–19, Mitte Sept.–Okt. 10–18, Nov. 10–17 Uhr; Sa u. So immer ab 9 Uhr | Abzweig an der Bundesstraße Richtung Markdorf | Tel. 07545 94 94 62 | www.abenteuer park.com | 19 Euro.* Touristinformation: *Dr.-Zimmermann-Str. 1 | 88090 Immenstaad | Tel. 07545 20 11 10 | www. immenstaad.de*

KRESSBRONN (122 B5) (*ⓜ M5*)

Den Turm der katholischen Pfarrkirche (1937) krönt eine Weltkugel, doch in Wirklichkeit dreht sich hier fast alles um den Bodensee: In Kressbronn (8200 Ew., 11 km von Friedrichshafen) liegt die 1919 gegründete *Bodan-Werft*. Sie hat viele der Bodenseeschiffe und -fähren gebaut,

so die zwischen Friedrichshafen und Romanshorn pendelnde Autofähre „Euregia" und die neuen Katamaran-Schnellfähren. Heute produzieren die Arbeiter auch Schwimmbäder und Windkanäle. Ein paar Gehminuten vom Schiffsanlegesteg befindet sich das *Museum im Schlössle Kressbronn*, das über ein Dutzend hölzerne Schiffsmodelle zeigt *(April–Okt. Di–So 10–12 u. 15–18 Uhr, Nov.–März jeden 2. So 15–18 Uhr | Seestr. 20 | www. historische-schiffsmodelle.com | Eintritt 3 Euro)*.

Gemütlicher Segeltörn mit einer Lädine

Der *Yachthafen Kressbronn-Gohren* ist mit 2500 Liegeplätzen und 20 ha der größte im Bodensee. Hier wird auch Schnuppersegeln in zwei Varianten angeboten: entweder als Passagier eines erfahrenen Skippers mit Begrüßungssekt und Barbecue am Abend oder als zweitägiger Schnupperkurs, bei dem die Teilnehmer unter Anleitung selbst die Segel setzen. *Wassersport Schattmaier | Tel. 07543 6 05 40 | www.schattmaier.com | Törn ab 70 Euro*

Nahe dem Yachthafen quert eine *Kabelhängebrücke* den Fluss Argen. Die 1897 errichtete und damit älteste deutsche Brücke dieser Art gilt als bedeutendes Baudenkmal. Sie soll Vorbild für die Konstruktion der Golden Gate Bridge in San Francisco gewesen sein. Im östlichen Ortsteil bildet der *Nonnenbach* mitten im Ort die Landesgrenze zwischen Baden-Württemberg und Bayern. *Touristinformation: im Bahnhof | 88079 Kressbronn | Tel. 07543 9 66 50 | www.kressbronn.de*

LANGENARGEN (122 A5) (*L5*)

Das auf einer Halbinsel in den See ragende *Schloss Montfort* in Langenargen ist zu jeder Jahres- und Tageszeit ein Blickfang am Ufer. Das 1866 auf den Trümmern einer Burg im maurischen Stil errichtete Schloss bietet vom Turm aus einen schönen Rundblick. Drinnen gibt es ein Tagungszentrum und ein Restaurant (www.montfort-schloss.de). *Turm: Mitte April–Okt. tgl. 10–12 u. 13–17 Uhr | Untere Seestr. 3 | Eintritt 1,50 Euro*

Im 5 km westlich von Friedrichshafen gelegenen Ort (7400 Ew.) gibt es im ehemaligen Pfarrhaus überdies ein *Museum* mit Kunstwerken und Zeugnissen aus der über 1200-jährigen Geschichte Langenargens und der ehemaligen Grafschaft Montfort. Dazu eine Sammlung mit Werken des Spätbarockmalers Anton Maulbertsch und des Matisse-Schülers Hans Purrmann (1880–1966), der hier seine Sommer verbrachte *(April–Okt. Di–So 10–12 u. 14–17 Uhr | Am Marktplatz 20 |*

Das im maurischen Stil erbaute Schloss Montfort ist das Wahrzeichen von Langenargen

Eintritt 2 Euro). Touristinformation: *Obere Seestr. 2/1 (an der Schiffslandestelle) | 88085 Langenargen | Tel. 07543 93 30 92 www.langenargen.de*

MARKDORF (121 E3) ( *J–K3*)

Wer seine Ferien verbringen will wie einst die Konstanzer Bischöfe und das nötige Kleingeld hat, kann in Markdorf im *Hotel Bischofschloss* absteigen oder wenigstens im 500 Jahre alten Schlosskeller im *Restaurant Mundart* essen *(57 Zi. | Schlossweg 2–8 | Tel. 07544 5 09 10 | www.bischofschloss.de | €€–€€€).* Das 1704–40 erbaute Barockschloss liegt inmitten der idyllischen Altstadt von Markdorf (12 200 Ew., 10 km von Friedrichshafen). Auf dem nahen *Gehrenberg* (754 m), der auch der Ferienregion seinen Namen gab, steht ein 30 m hoher ✲ Aussichtsturm.

Ins Mittelalter eintauchen können Sie bei einem abendlichen Rundgang mit dem ▸ INSIDER TIPP Markdorfer Nacht-

wächter Rudolf Stark. Alle zwei Wochen zieht er im historischen Gewand durch die Altstadt *(Mai–Okt. | Termine bei der Tourismusgemeinschaft).* Auskunft über Markdorf und die benachbarten Gemeinden *Bermatingen* (ein Fachwerkörtchen), *Deggenhausertal* und *Oberteuringen: Tourismusgemeinschaft Gehrenberg-Bodensee | Marktstr. 1 | 88677 Markdorf | Tel. 07544 50 02 90 | www.gehrenberg-bodensee.de*

TETTNANG (122 A–B4) ( *M4*)

Biertrinker finden in der Weinregion um den Bodensee Asyl in Tettnang (18 200 Ew., 8 km nordöstlich von Friedrichshafen). Der Ort ist Zentrum des Hopfenanbaus in Baden-Württemberg, wovon die vielen Hopfenstangen in der Landschaft zeugen. Das *Hopfenmuseum* zeigt den Anbau früher und heute *(Mai–Okt. Di–Do 10.30–18, Fr–So 10.30–20 Uhr | Tettnang-Siggenweiler | www.hopfenmuseum-tettnang.de | Eintritt 5 Euro).* Vom Museum aus führt der *Tettnanger Hopfenpfad* unter dem Motto „Vom Bauer zum Brauer" an 17 Infotafeln vorbei mitten durch Ort und Landschaft; eine Brauerei liegt im Ortszentrum auf dem Weg *(Kronenbrauerei | Führung Mai–Sept. Sa 17 Uhr | Tel. 07542 74 52 | www.krone-tettnang.de | 3,50 Euro).*

Für Radler gibt es die 42 km lange *Tettnanger Hopfenschlaufe,* vorbei an Einkehrmöglichkeiten und Sehenswürdigkeiten *(Faltblatt bei den Touristinformationen in Tettnang, Eriskirch und Langenargen).*

Zudem in Tettnang: das *Neue Schloss Tettnang,* erbaut 1712–20, bis ins 18. Jh. Residenz der Grafen von Montfort. Die namhaftesten Künstler des Bodenseeraums haben damals die Innenräume in ein Kunstwerk aus Malerei und Stuck verwandelt *(Besichtigung nur mit Führung, April u. Okt. tgl. 14.30 Uhr, Mai–Sept.*

14.30 u. 16 Uhr, Juli u. Aug. auch Mi–Fr 10.30 Uhr | www.schloss-tettnang.de | 4 Euro). Das *Montfort-Museum* bietet ein Sammelsurium rund um die Montfort-Grafen *(im Torschloss | April–Okt. Di–So 14–18, Sa auch 10–12 Uhr)*. Touristinformation: *Montfortstr. 41 | 88069 Tettnang | Tel. 07542 95 25 55 | www. tettnang.de*

LINDAU

KARTE IM HINTEREN UMSCHLAG
(122 B–C6) (*M N6*) ⭐ **Die gemütliche und denkmalgeschützte Lindauer Altstadt mit ihren Bauten aus dem Mittelalter liegt auf einer Insel, der dritten im Bodensee neben Mainau und Reichenau.**

Hier wohnen 3500 der 24 000 Ew. Lindaus. Besuchern stehen drei Wege ins historische Zentrum offen: mit Auto oder Stadtbus (im Halbstundentakt) über die Brücke, mit dem Zug über den 1853 aufgeschütteten Bahndamm oder mit dem Schiff in den Lindauer Hafen. Hier stehen der Neue Leuchtturm und der Löwe und begrüßen die Schiffe. Der Löwe ist dem bayerischen Wappen entnommen, denn Lindau liegt in einem schmalen bayerischen Korridor zwischen Baden-Württemberg und Österreich.

Die Stadt (Eigenwerbung: „Das Happy End von Deutschland") hat eine lange Geschichte: Um 800 soll Adelbert von Rätien ein Kloster auf der Insel gegründet haben, 882 erwähnt eine Urkunde erstmals ihren Namen, der auf die mit Linden bestandene Insel hinweist. Lindau war freie Reichsstadt. Den Zweiten Weltkrieg überstand Lindau nahezu unbeschadet und hat sich trotz der vielen Touristen eine angenehme Beschaulichkeit bewahrt.

Seit 1951 treffen sich hier jedes Jahr die Nobelpreisträger einer jährlich wechselnden Naturwissenschaft mit Studenten. Tagungsort ist seit 1981 die *Inselhalle*. Direkt an der Seebrücke steht der architektonisch interessante zylindrische Neubau der *Spielbank*.

FLIEGENDE SILBERNE ZIGARREN

Graf Zeppelin (1838–1917) hätte seine Freude gehabt: Knapp 100 Jahre nach dem ersten Aufstieg eines Zeppelins über dem Bodensee startete der „Zeppelin NT" (Neue Technologie) 1997 in Friedrichshafen zum Jungfernflug. Die Hülle der 75 m langen Neukonstruktion ist mit unbrennbarem Helium gefüllt. Vier Jahre nach dem Erstflug nahm die Zeppelin-Reederei den Passagierbetrieb auf. Zwölf Gäste passen in die Kabine. Über 65 000 Menschen sind bisher mitgeflogen – in 300 m Höhe. Es wurden vier Luftschiffe gebaut: Eines ist bereits wieder verschrottet, eines fliegt in Japan Touristen herum, ein anderes in Kalifornien – und eines startet zu Rundflügen am Bodensee. Ein knapp einstündiger Flug kostet ca. 390 Euro. Vom Besucherzentrum am Luftschiffgelände ist oft ein Blick auf den Zeppelin möglich. Zur Werftbesichtigung muss man sich anmelden: *Deutsche Zeppelin Reederei | Allmannsweilerstr. 132 | Friedrichshafen | Tel. 0700 93 77 20 01 | www. zeppelinflug.de.* Übrigens: Ein Zeppelin fährt nicht wie ein Ballon, sondern fliegt, weil er schwerer als Luft ist.

SEHENSWERTES

ALTES RATHAUS

Die Altstadt mit ihrer einmaligen Insellage und ihren Patrizierhäusern lohnt einen ausgedehnten Bummel. Herausragend ist unter anderem das Alte Rathaus. Die prächtige Bemalung der Fassade zeigt Szenen der Lindauer Geschichte und des Deutschen Reichstags, der 1496 hier getagt hat. Die Bildfenster im Erker stellen die zehn Gebote dar. Das Rathaus wurde 1422–36 erbaut, 150 Jahre später dem Stil der Renaissance angepasst. Es besitzt mit dem Rathaussaal einen der besterhaltenen gotischen Säle der Bodenseeregion. *Reichsplatz*

als Gefängnis. Heute kann man von Mai bis September im historischen Verlies des Turmes eine Stunde lang einer **INSIDER TIPP** ▶ Märchenerzählerin lauschen. *Erwachsene Fr 19 Uhr (7 Euro), Kinder Di 10 Uhr (gratis) | Schrannenplatz | Tel. 08382 26 00 30*

Hinter dem Lindavia-Brunnen leuchtet die bunt bemalte Fassade des Alten Rathauses

DIEBSTURM

1370 als westlicher Punkt der alten Stadtummauerung entstanden, diente der Wach- und Wehrturm einst auch

HAFEN

Der *Alte Leuchtturm* steht als Teil der alten Stadtbefestigung am Hafenbecken. Er stammt aus dem 13. Jh. und heißt wegen des früher neben ihm stehenden Tuch- oder Mangenhauses auch *Mangturm*. Das moderne Ziegeldach hat er seit einem Brand 1979. An der Hafeneinfahrt stehen seit 1856 der *Bayerische Löwe* (6 m) und der ☼ *Neue Leuchtturm* (33 m), von dem aus man einen herrlichen Blick auf See und Alpen hat. Die Lindauer halten ihre Hafenanlage für die schönste am Bodensee und beleuchten sie jeden Abend mit 6000 Glühbirnen.

LINDAU

HAUS ZUM CAVAZZEN

Ist das Haus zum Cavazzen mitten in der Inselaltstadt das schönste Bürgerhaus am Bodensee – wie die Lindauer sagen? Das muss jeder selbst entscheiden. Drinnen können die Besucher im *Stadtmuseum* sehen, wie wohlhabende

Jahr 1000 erbaut und ist dem Patron der Fischer geweiht. Seit 1928 ist sie Kriegergedächtnisstätte. Im Inneren schmücken 19 Fresken aus dem späten 15. Jh. die Nordwand, es sind die einzig bekannten des berühmten Renaissance-Malers Hans Holbein d. Ä. *Schrannenplatz*

Unaufdringlich und besonders schön: die Fassadenmalereien am Haus zum Cavazzen

Menschen zwischen dem 15. und 19. Jh. gewohnt haben. Dazu gibt es Kunst (auch Wechselausstellungen), Keramik und Spielzeug. Eine Sonderabteilung zeigt mechanische Musikinstrumente, also Drehorgeln, Spieldosen und Musikautomaten. Das Gebäude wurde nach dem Stadtbrand 1729 auf den Trümmern des Hauses des Patriziergeschlechts da Cavazzo errichtet, daher sein heutiger Name. *April–Okt. Di–Fr, So 11–17, Sa 14–17 Uhr | Marktplatz 6 | Eintritt 3 Euro*

PETERSKIRCHE

Die älteste Kirche der Stadt und eine der ältesten am Bodensee. Sie wurde um das

STADTTHEATER

Vor 700 als Klosterkirche erbaut, im 19. Jh. wurde daraus ein Theatersaal, 1952 dann das heutige Stadttheater mit wechselnden Gastspielen. Der Theatersaal hat 700 Plätze, ein Konzertsaal 200. Von der nahen *Gerberschanze* Blick auf See und Altstadt. *Gastspiele-Vorverkauf: Tel. 08382 94 46 50 | Fischergasse 37*

ESSEN & TRINKEN

Anderswo am Bodensee rücken die Gastronomen Wein und Schnaps in den Vordergrund, im bayerischen Lindau reden die Wirte auch wieder vom Bier. Dazu gibt es typische Lindauer Gerichte: Wer „Lindauer Hochzeitsfleisch" bestellt, bekommt Rindsauerbraten mit dunklem Brot, Weinbeeren und Knödeln serviert. „Lindauer Doppelschübling" heißt eine große Wurst aus Rind- und Schweinefleisch mit Sauerkraut, Linsen oder Kartoffelsalat. Es gibt zahlreiche Lokale auf der Insel.

REUTEMANN-SEEGARTEN

Zu diesem Hotelrestaurant (64 Zi.) gehört eine wunderschöne, zum Hafen gelegene Terrasse. Internationale Spezialitäten. *Tgl. | Seepromenade | Tel. 08382 9150 | www.reutemann-lindau.de | €€€*

ZUM RAICHLEBECK

Schwäbische Spezialitäten können einfach und lecker sein. Und wer sie nicht kennt, bekommt sie hier auch erklärt. *Mo geschl. | Linggstr. 14 | Tel. 08382 2 87 59 | €–€€*

FREIZEIT & SPORT

AESCHACHER BAD

Bäder, modern und groß, gibt es am Bodensee viele. Dieses ist anders: Es steht am Festlandufer auf über 120 Pfählen im See. Das Aeschacher Bad ist das alte Traditionsbad der Lindauer und etwas für Nostalgiker. *Aeschacher Ufer | im Sommer tgl. 10–19 Uhr*

AM ABEND

INSIDER TIPP ▶ MARIONETTENOPER

„Carmen", „Die Zauberflöte" und andere Klassiker wie das Ballett „Schwanensee" sowie Kindermärchen werden aufgeführt von der Lindauer Marionettenoper im *Lindauer Theater*. Einmalig in Deutschland. *Fischergasse 37 | Informationen: Tel. 08382 9 44 6 50 | www. marionettenoper.de | Eintritt 21–29 Euro*

ZEUGHAUS

Im 600 Jahre alten Zeughaus werden Kabarett, Kleinkunst, Musik, Theater (auch für Kinder) dargeboten. *Mai–Okt. | Schrannenplatz | Tel. 08382 27 50 73 | www.zeughaus-lindau.de*

ÜBERNACHTEN

HOTEL HELVETIA ☺

Dieses Hotel zeigt, wie man es machen kann: Stilvoll und modern eingerichtete Zimmer und ein umfangreiches Wellnessangebot laden zum Entspannen ein, für die nötige Energie sorgen zwei kleine Blockheizkraftwerke, und es lockt das *Swiss-Restaurant* mit Seeblick und vielen Produkten aus ökologischer Wirtschaft.

LOW BUDGET

▶ Aquafitness ist im Sommer im *Frei- und Seebad Fischbach* in *Friedrichshafen* umsonst, nur der Badeintritt wird fällig: Aquawalking mit Bodenkontakt bzw. Aquajogging mit Auftriebsgürtel *Juli/Aug. Fr 17.15 bzw. 18 Uhr*.

▶ Kostenlos ist die Besichtigung der *Schnapsbrennerei* in *Friedrichshafen (Juli u. Aug. Mi 10.30–11.30 Uhr | Treff: Ringhotel Krone Schnetzenhausen | Untere Mühlbachstr. 1 | Anmeldung nicht nötig)*.

▶ Für nur 2 Euro werden Ihre Kinder im *Kressbronner Kinderspielhaus* beaufsichtigt *(ganzjährig tgl. | Seestraße im alten Bahnwärterhäuschen)*.

▶ In *Markdorf* ist die Parkuhr abgeschafft. Überall in der Stadt ist das Parken also kostenlos!

43 Zi. | Seepromenade | Tel. 08382 9130 | www.hotel-helvetia.com | €€

LANDHOTEL MARTINSMÜHLE ♻

Im ruhigen Hinterland in *Bechtersweiler* (5 km). Gemütliche und günstige Vesperstube. Der Wirt macht hier noch fast alles selbst: Honig, Schnaps, Konfitüre – und sogar den Strom für das Hotel. Der Nonnebach speist ein kleines Wasserkraftwerk aus dem Jahr 1937. *21 Zi. | Bechtersweiler 25 | Tel. 08382 58 49 | www.landhotel-martinsmuehle.de | €*

LINDAUER HOF

Gehobenes Hotel in einem Haus aus dem 16. Jh. Auf der Insel, an der Hafeneinfahrt. Restaurant mit internationaler Küche. *30 Zi. | Seepromenade | Tel. 08382 40 64 | www.lindauer-hof.de | €€*

MONTFORT-SCHLÖSSLE ♨

Landgasthof mit Blick auf See und Berge, 4 km von Lindau, Biergarten. *12 Zi. | Streitelsfinger Str. 38 | Tel. 08382 7 28 11 | www.montfort-schloessle.de | €*

AUSKUNFT

PRO LINDAU

Alfred-Nobel-Platz 1 (gegenüber vom Hauptbahnhof) | 88103 Lindau | Tel. 08382 26 00 30 | www.lindau.de

ZIELE IN DER UMGEBUNG

BAD SCHACHEN (122 B6) (𝄞 N6)

Der Villengürtel gegenüber der Lindauer Insel heißt auch „Bayrische Riviera". Den Anstoß gab 1848 der bayrische Prinzregent Luitpold, als er sich eine Sommer-

BÜCHER & FILME

▶ **Ein springender Brunnen** – Martin Walser, der am Bodensee lebt, schildert seine Kindheit in Wasserburg.

▶ **Bodensee-Gedichte aus zwölf Jahrhunderten** – breite Auswahl von Autoren, von den Mönchen der Insel Reichenau über Klassiker wie Eduard Mörike bis zu zeitgenössischen Literaten. Hg. Christel Hierholzer

▶ **Gedichte** – Annette von Droste-Hülshoff, Autorin der „Judenbuche", hat auf der Meersburg gelebt und sich später ein kleines Haus in den Reben gekauft. Es steht Besuchern offen.

▶ **Ein fliehendes Pferd** – Ein Ehepaar verbringt seinen Urlaub am Bodensee. Aus dem zufälligen Treffen mit einem

Jugendfreund ergeben sich fatale Entwicklungen. Neue Verfilmung des Klassikers von Martin Walser mit Ulrich Noethen und Ulrich Tukur. Regie führte Rainer Kaufmann (2007).

▶ **Tatort** – Der Bodensee ist Schauplatz einer Tatort-Reihe, bei der Eva Mattes als Kommissarin Klara Blum rund um und quer über den See ermittelt.

▶ **Ein Quantum Trost** – im James-Bond-Film von 2008 dient die Bregenzer Seebühne für eine Sequenz als Kulisse. Was den Festspielen wohl mehr Publicity gebracht hat als ein Dokumentarfilm.

▶ **Heirate mir!** – Komödie für Filmfans mit Sinn für schwarzen Humor. Regie: Douglas Wolfsperger (1999)

frische-Villa kaufte. Bis zum Ersten Weltkrieg hatten sich bereits viele Adelige und Großbürger hier niedergelassen. Seit 1922 gehören die Ufergemeinden zu Lindau. Bad Schachen ist per Schiff erreichbar. Dem Ortsteil entsprechend gediegen und selbstverständlich reich geht es im *Hotel Bad Schachen* zu. Das seit

14.30–17 Uhr | Lindenhofweg 25 | www. friedens-raeume.de | Eintritt 3 Euro

WASSERBURG (122 B6) (*M6*)
Schon wieder ein Augenschmaus: Die *Barockkirche St. Georg* schiebt sich auf einer Halbinsel weit in den See. Schon deshalb ist Wasserburg (3000 Ew., 5 km

Luxuriöse Oase: das Schwimmbad des Hotels Bad Schachen

1752 bestehende Haus mit einem herrlichen Privatpark und zwei Schwimmbädern hat einen Schiffsanleger der Weißen Flotte direkt vor der Haustür. *125 Zi. | Bad Schachen 1 | Tel. 08382 29 80 | www. badschachen.de | €€€*
Jünger und hier unerwartet sind dagegen die Anliegen des INSIDER TIPP *Museums friedensräume*. In einer alten Villa hat der Trägerverein Pax Christi der Diözese Augsburg eine Ausstellung zum Thema Frieden gestaltet. Statt Ausstellungsstücken in Vitrinen gibt es überwiegend ein „Museum in Bewegung" und Angebote zum Mitmachen. *Mitte April–Mitte Okt. Di–Sa 10–13 u. 14–17, So*

von Lindau) ein beliebtes Ziel. Das *Malhaus*, vor über 400 Jahren von der Kaufmannssippe der Fugger als Gerichts- und Amtshaus erbaut, ist heute *Heimatmuseum* (in der Saison Di–So 10–12.30, Mi, Sa, So auch 14.30–17 Uhr | Halbinselstr. 77 | Eintritt 2 Euro). Ebenfalls auf der Halbinsel liegt das *Schloss Wasserburg* (8. Jh.). Kurzweilig präsentiert sich das *Freibad Aquamarin* u. a. mit einem 80 m langen Spielbach mit Schleusen und Mühlrädern *(Mai–Sept. 10–18 Uhr, Juni 9–19 Uhr, Juli u. Aug. 9–20 Uhr | Reutenerstr. 12 | Eintritt 3,50 Euro).* Verkehrsamt: *Lindenplatz | 88142 Wasserburg | Tel. 08382 88 74 74 | www.wasserburg-bodensee.de*

VORARLBERGER UFER

Geraniengeschmückte Alpenhäuser, Folklore und bodenständige Bergküche – solche Klischees machen Vorarlbergs Städte vergessen. Am kürzesten Uferabschnitt aller Anrainerländer, ganz im Osten, setzt moderne Architektur Maßstäbe über die Region hinaus.

Und den Vorarlbergern ist der Spagat zwischen den traditionellen Erwartungen an eine Ferienregion und einem modernen Angebot für Gäste und Bürger gelungen. So finden Touristen ein beachtliches Kulturleben vor. Das reicht von den Bregenzer Festspielen über das Jüdische Museum in Hohenems bis zur Naturschau Inatura in Dornbirn. Und wer sich nach Alpenromantik sehnt, findet auch diese – in Berggasthöfen und in mancher Heurigenwirtschaft.

BREGENZ

KARTE IM HINTEREN UMSCHLAG (126 C1) *(N–O7)* **In Bregenz rückt alles nah zusammen, was der Bodensee zu bieten hat: Wasser, Stadt und Berge.**

Nur ein paar Schritte sind es von Strandbad und Hafen durch das Ortszentrum bis zur Talstation der Pfänderbahn. Alte Bürgerhäuser, die mittelalterliche Oberstadt, die nahen Alpen: Auf den ersten Blick wirkt die Hauptstadt des Bundeslandes Vorarlberg wie so viele Touristenziele. Doch dann entpuppt sich Bregenz (28 000 Ew.) als aufregend jung: Beispiele für zeitgenössische Bauten sind das Kunsthaus Bregenz (1997), das neue

---

Bild: Pfänderbahn

Wo alles nah beieinander liegt:
Österreich ist der Staat mit dem kleinsten
Uferanteil

Tourismushaus (1998), der Erweiterungs-
bau des Festspielhauses (1997) und auf
der anderen Seite der Bahnlinie: die
weltberühmte Seebühne.

SEHENSWERTES

KUNSTHAUS ⭐
Der (abends leuchtende) Kubus aus
Glas, Stahl und Beton steht gegenüber
vom Hafen. Viele der jährlich 70 000
Besucher kommen gar nicht wegen
seines Inhalts, sondern wegen der Verpackung: Das 1997 eröffnete Kunsthaus
Bregenz (KUB) ist eine Meisterleistung
des Schweizer Architekten Peter Zumthor
aus Glasplatten, Stahl und Beton. Nachts
leuchtet die Fassade, tagsüber reflektie-
ren ihre Glaspaneelen das Licht – und
lenken es zugleich von außen auf die
drinnen ausgestellten Werke. Gezeigt
wird zeitgenössische Kunst. Das *KUB-
Café (tgl. 8.30–1.30 Uhr)* ist Szenelokal.
*Di–So 10–18 Uhr (Do bis 21 Uhr) | Karl-
Tizian-Platz | www.kunsthaus-bregenz.at |
Eintritt 8 Euro*

LANDESMUSEUM VORARLBERG

Kunst- und Kulturgeschichte, Archäologie, Lebens- und Arbeitskultur der Region. Voraussichtlich im Frühjahr 2013 wird das am *Kornmarkt 1* beheimatete Museum am gleichen Ort in ein modernes Haus ziehen. Bis dahin bleibt es geschlossen.

OBERSTADT

Ein kurzer Spaziergang führt Besucher in die Oberstadt, das historische Bregenz,

platz Leutbühel. Unweit des Leutbühel liegt auch die nach dem Bregenzer Fasnachtsruf benannte *Ore-Ore-Gasse:* Die schmalste Gasse der Stadt gilt als Teststrecke für Zecher.

SEEBÜHNE ★

Die weltgrößte Seebühne lockt mit ihren nahezu 30 m hohen Bühnenbildern alljährlich im Juli und August um die 200 000 Besucher in die Vorstellun-

Gassen und Häuschen wie aus dem Bilderbuch: die Bregenzer Oberstadt

das die Römer vor 2000 Jahren unter dem Namen Brigantium gründeten. Noch heute prägen enge Gassen, *Stadtmauer* und *Stadttor* (mit einer Sammlung mittelalterlicher Prangergeräte) das Bild. Ebenfalls in der Oberstadt sehenswert sind der (besteigbare) ☼ *Martinsturm* – er ist das Wahrzeichen der Stadt – und das frühere *Gesellenspital* aus dem 15. Jh.

INSIDER TIPP ▶ SCHMALSTE FASSADE

Sie ist ganze 86 cm breit: die schmalste Hausfassade der Welt. Sie finden sie in der *Kirchstraße*, ausgehend vom Markt-

gen der in der ganzen Welt berühmten Bregenzer Festspiele. 6800 Gäste finden auf der Tribüne Platz. *Führungen: Juni u. Juli Fr 16 Uhr, Mitte Juli–Mitte Aug. tgl. 11.30, 14.30, 15.30 Uhr | www. bregenzerfestspiele.com | 6 Euro*

ESSEN & TRINKEN

BURGRESTAURANT GEBHARDSBERG ☼

Auf der Burg (ab 9. Jh.) wird der romantische Blick über den See mitserviert. Auf den Tisch kommen hinter dicken Mauern oder auf der luftigen Terrasse dabei möglichst Produkte der Region wie Vorarlberger Freilandbeef, Bodenseefische oder heimisches Jungschwein. *In der Nebensaison Mo geschl. | Gebhardsberg 1 | Tel. 05574 4 25 15 | www.greber.cc | €€*

GOLDENER HIRSCHEN

Wirtshaus in einem Fachwerkhaus mitten in der Stadt. Hier genießen die Gäste Deftiges, dabei viel Fleisch und Wurst. *Di geschl. | Kirchstr. 8 | Tel. 05574 4 28 15 | €–€€*

MÖTH

Urgemütliche Heurigenwirtschaft; der Wein kommt aus dem dazugehörigen Weingut. Die Gäste sitzen draußen auf Bänken unter Bäumen oder in typisch einfacher Heurigen-Atmosphäre drinnen. *April–Okt. tgl. 16–23 Uhr | Langenerstraße | Tel. 05574 4 77 11 | www.moeth.at | €–€€*

EINKAUFEN

WOLFORD

Von Designern und Künstlern gestaltete Strumpfhosen und Bodys. Der Erweiterungsbau (**INSIDER TIPP** Fabrikverkauf!) gilt als Beispiel für moderne Industriearchitektur. Das in die Boutique integrierte *WOW-Restaurant (€€)* samt Bar ist szenetauglich. *Wolfordstr. 2 | Fabrikverkauf und Restaurant Mo–Do 9–19.30, Fr 9–21, Sa 9–17 Uhr | www.wolford.com*

FREIZEIT & SPORT

INSIDER TIPP MILI ●

Einheimische gehen gern ins Mili, ein ehemaliges Militärbad (1825) mit einem Badehaus auf Holzstelzen. Die jahrzehntelangen Stammgäste verteidigen ihre Plätze mit mürrischen Kommentaren. *Mai u. Sept. 11–18, Juni–Aug. 10–18*

Uhr (in den Sommerferien bis 20 Uhr) | Strandweg | Eintritt 3,90 Euro | www.stadtwerke-bregenz.at

Im Nachbarörtchen Hard (3 km südlich) befindet sich das mit 5 ha größte FKK-Gelände am See; außerdem startet von hier die „Hohentwiel", der letzte Schaufelraddampfer auf dem See, zu ihren Touren *(Infos zu Ausflugsfahrten vor Ort | www.hohentwiel.com).*

AM ABEND

KOSMOS-THEATER

Auf der Hinterbühne des Festspiel- und Kongresshauses werden zeitgenössische Stücke inszeniert. Es gibt zahlreiche Uraufführungen. *Maurachgasse 30 | Tel. 05574 4 40 34 | www.theaterkosmos.at*

WUNDERBAR ●

Antike Möbel und barocke Dekoration prägen das Straßencafé. Dazu gibt es

★ **Kunsthaus**
Im Bregenzer Kunsthaus ist die Verpackung so wichtig wie der Inhalt → S. 75

★ **Seebühne**
Beeindruckende Bühnenbilder und eine technische Meisterleistung zeigt die Bühne von Bregenz → S. 76

★ **Pfänder**
Der 1000 m hohe Berg ist eines der beliebtesten Ziele am Bodensee → S. 78

★ **Rappenlochschlucht**
Unternehmen Sie eine Wanderung in einer der größten Schluchten Europas → S. 81

MARCO POLO HIGHLIGHTS

Adlerwarte: Falknerin mit Rotmilan

einen modernen Service: Gäste können sich ein Notebook ausleihen oder ihr eigenes mitbringen und kostenlos im Internet surfen. *Mo–Sa 10–4, So 14–1 Uhr | Bahnhofstr. 4 (Fußgängerzone) | Tel. 05574 4 77 58 | www.wunderbar.at*

ÜBERNACHTEN

DEURING-SCHLÖSSLE ⚘

Teil der Befestigungsanlagen am Rand der Oberstadt mit Ausblick über Bregenz und den See. Die Zimmer sind mit Antiquitäten ausgestattet. Küchenchef Heino Huber serviert wahlweise internationale oder Bodenseeküche. *13 Zi. | Ehre-Guta-Platz 4 | Tel. 05574 4 78 00 | www.deuring-schloessle.at | €€€*

GASTHOF LINDE

Der oberhalb des Stadtzentrums gelegene Gasthof mit großem Garten wird in vierter Generation als Familienbetrieb geführt. *13 Zi. | Arlbergstr. 54 | Tel. 05574 4 29 49 | www.gasthof-linde-vlbg.at | €*

AUSKUNFT

BREGENZ TOURISMUS

Rathausstr. 35a | 6900 Bregenz | Tel. 05574 4 95 90 | www.bregenz.ws

ZIEL IN DER UMGEBUNG

PFÄNDER ⭐ ⚘ (127 D1) (🗺 O7)

Die Talstation der *Pfänderseilbahn* (mit Museum über die Bahn) liegt am Rand der Bregenzer Innenstadt, 5 Gehminuten vom Hafen entfernt. In 6 Minuten bringt Sie die Gondel auf den Gipfel *(tgl. 8–19 Uhr | Berg- u. Talfahrt 10,80 Euro)*. Zu Fuß brauchen Wanderer rund 1,5 Stunden. Bei gutem Wetter schweift der Blick vom Pfänder (1064 m) über beinahe 240 Alpengipfel *(Wetterauskunft: Tel. 05574 4 33 16)*. Gleich drei *Gasthäuser* kümmern sich auf dem Pfänder um hungrige und durstige Bergbesucher.

Für jedermann ist der halbstündige Rundgang durch den *Alpenwildpark* mit Steinböcken, Mufflons, Murmel- und anderen Tieren *(ganzjährig | Eintritt frei)*. Auf dem Rundweg liegt die *Adlerwarte*. Falkner lassen verschiedene Greifvögel frei am Pfänderhang fliegen *(Vorführzeiten: Mai–Okt. tgl. 11 u. 14.30 Uhr | 5,20 Euro)*. *www.pfaender.at*

Der Pfänder ist außerdem ein Radlerparadies mit zahlreichen Mountainbikestrecken (kostenloser Führer bei der Touristinformation und direkt am Berg). **INSIDER TIPP** Die Seilbahn transportiert auch Räder, von 8–10 und von 18–19 Uhr sogar gratis. *Pfänderbahn: Tel. 05574 4 21 60 | www.pfaenderbahn.at*

DORNBIRN

(126 C3) (*∅ N–O8*) **Die größte Stadt in Vorarlberg (45 000 Ew.) liegt 10 km vom Bodensee entfernt am Rand der Berge und des Rheintals.**

Dornbirn ist Wirtschaftszentrum mit geschäftigen jungen Leuten, die naturgewaltige Rappenlochschlucht ist nur 6 km entfernt. Ganz unmittelbar treffen sich traditionelles und modernes Österreich am Marktplatz der Stadt.

SEHENSWERTES

INATURA

Die 2003 eröffnete *Inatura-Erlebnis-Naturschau* bietet mit verschiedenen Sammlungen Einblicke in die Tier- und Pflanzenwelt Vorarlbergs und des Bodensees. Lawinensimulator, Schmetterlingsbiotop, Unterwasserkino und virtuelle Reisen zu anderen Planeten machen den Museumsbesuch zum Abenteuer. *Tgl. 10–18 Uhr | Jahngasse 9 | www.inatura.at | Eintritt 9,50 Euro*

MARKTPLATZ

Ein Stilmix quer durch die Baugeschichte sorgt für Abwechslung: Dominant ist die klassizistische *Stadtpfarrkirche St. Martin* (erstmals erwähnt 1401, in neuem Stil umgestaltet 1840). Ihr frei stehender Turm beginnt gotisch und endet im Rokoko. An der Seite wurde 2001 eine moderne, gläserne Kapelle angebaut. Links neben der Kirche steht das aus Holz erbaute *Rote Haus* (1639), das heute ein Restaurant beherbergt. Die rote Farbe soll von einem Schutzanstrich aus Ochsenblut und Galle stammen. Weiter westlich dann ein Jugendstilbau (1907/08). Wiederum dahinter moderne Architektur: das sanierte *Bertolini-Haus* sowie das *Hotel Martinspark* mit seinem auffälligen, fast frei schwebenden Restaurantvorbau.

ESSEN & TRINKEN

K. U. K GASTHOF GÜTLE

Wem es etwas bedeutet: Kaiser Franz Joseph I. bestellte hier am 10. August 1881 eine Rindssuppe und einen Tafelspitz mit Salzkartoffeln und Gemüse. Die leere Champagnerflasche im Kronleuchter des Kaiserzimmers soll er persönlich ausgetrunken haben. Großer Garten mit 200 Plätzen, traditionelle österreichische Küche. *Juni–Sept tgl., sonst Mo geschl. | Gütle 11 | Tel. 05572 20 15 40 | www.guetle-gasthof.at | €–€€*

MODERNE BAUTEN

In Dornbirn und Bregenz, aber auch in vielen kleinen Orten Vorarlbergs haben Architekten in den vergangenen Jahrzehnten viel beachtete Bauwerke geschaffen. Die Vorarlberger Bauschule ist ein weltbekanntes Phänomen; die hochwertige Baukultur entstand durch gute Zusammenarbeit von Bauherren und Planern sowie eine architekturfördernde Genehmigungspraxis der Behörden. Lob von Kritikern und Preise förderten die Lust der Vorarlberger an immer weiteren Innovationen. Informationen (auch über Exkursionen) und die Broschüre „Architekturlandschaft Vorarlberg" gibt es beim *Vorarlberger Architektur-Institut VAI (Achstr. 1 | Dornbirn | Tel. 05572 5 11 69 | www.v-a-i.at)*.

RICKATSCHWENDE ❊

Toprestaurant mit Blick über das Rheintal bis zum Bodensee. Der Küchenchef wurde mehrfach ausgezeichnet, er verspricht leichte Küche, die immer wieder durch kreative Kreationen und Kombinationen überrascht. Auch Kur- und *Wellnesshotel (48 Zi.)* mit Pool und Sauna. *So abends u. Mo geschl. | Bödelestraße | Tel. 05572 2 53 50 | www.rickatschwende.com | €€*

AM ABEND

CONRAD SOHM

In-Nachtclub auf einem Fabrikgelände. Disko- und Livemusik. *Boden 1 | www.conradsohm.com*

ÜBERNACHTEN

GASTHOF DREILÄNDERBLICK ❊

Schöner Blick über Dornbirn und Landschaft. Etwas außerhalb Richtung Bödele. *9 Zi. | Oberfallenberg 14 | Tel. 05572 2 11 28 | gasthof-dreilaenderblick.at | €*

INSIDER TIPP ▶ MARTINSPARK HOTEL

Allein schon die vielen Architekturfans sorgen hier für reichlich Übernachtungen im Jahr. Das von Designern exklusiv

LOW BUDGET

▶ Während der Festspielzeit *(Juli u. August)* sind in *Bregenz* die Stadtführungen kostenlos. Termine bei der Touristinformation.

▶ Ebenfalls umsonst ist die Wanderung durch die *Rappenlochschlucht* in der Nähe von Dornbirn. *Juli und August Do 10.30, Treffpunkt am Eingang der Schlucht markiert*

gestaltete Hotel liegt zentral. *98 Zi. | Mozartstr. 2 | Tel. 05572 3 76 00 | www.martinspark.at | €€*

AUSKUNFT

DORNBIRN TOURISMUS

Rathausplatz 1 | 6850 Dornbirn | Tel. 05572 2 21 88 | www.dornbirn.info

ZIELE IN DER UMGEBUNG

HOHENEMS (126 B–C4) (*Ø 0*)

In der 1864 erbauten *Villa Heimann-Rosenthal* dokumentiert das *Jüdische Museum Hohenems* die Geschichte der jüdischen Gemeinde des Ortes, 6 km südlich von Dornbirn. An ihrem Beispiel wird das Schicksal der Juden bis hin zu ihrer Deportation in der NS-Zeit anschaulich. Zugleich geht es aber auch um die Auseinandersetzung mit jüdischer Tradition und Moderne. Eine Besonderheit ist die Kinderausstellung (ab 6 Jahren), die durch anschaulich inszenierte Episoden und Scherenschnittbilder die komplexe Materie auch für junge Besucher begreifbar macht. *Di–So 10–17 Uhr | Schweizer Str. 5 | www.jm-hohenems.at | 7 Euro*

KARREN (126 C3) (*Ø 0*)

Über dem Abgrund sitzen und doch gemütlich einen Kaffee schlürfen: Das ● **INSIDER TIPP** *Panoramarestaurant Karren* auf dem nah bei Dornbirn gelegenen Karren (976 m) ist ein kühner Glasbau, der auf Stahlstützen über dem Hang steht *(tgl. | Reservierung empfohlen, Tel. 05572 5 47 11 | panorama@karren.at | €)*. Auf den Berg fährt eine *Seilbahn (So–Do 9–23, Fr u. Sa 9–24 Uhr, im Winter ab 10 Uhr)*. Wer will, kann auch auf den Karren wandern. Im Frühjahr und Herbst schließen Bahn und Restaurant für jeweils zwei Wochen. *Infos beim Dornbirn Tourismus und an der Seilbahn | www.karren.at*

RAPPENLOCHSCHLUCHT ★
(127 D3) ( *0*)

Die Schlucht (6 km südlich von Dornbirn), eine der größten Europas, ist durch Wanderwege gut erschlossen. Vom Ort und Gasthof Gütle aus ist der Weg in einer Stunde zu schaffen. Er führt an schroffen Felswänden und der tosenden Ache

sich Naturgebiete mit 330 Vogelarten erhalten. Das Tal ist ideal für Wanderungen und Radtouren.

Eine der schönsten Arten, Rhein und Landschaft zu entdecken, ist eine Fahrt mit dem INSIDERTIPP▶ *Rheinbähnle*. Die Lorenbahn fährt seit 1900 auf ihrem Streckennetz (33 km), das im Zuge

Wasserfall in der wildromantischen, bis zu 62 m tiefen Rappenlochschlucht

(Bergbach) entlang, teilweise an den alten Eisenblechrohrleitungen des Staufenseekraftwerks vorbei bis zum *Alploch* mit seinen abenteuerlich in der Schlucht verlaufenden Holzsteigen.

RHEINTAL (126 A–B 1–6) ( *N7–8*)

Das flache Rheintal erstreckt sich zwischen den österreichischen und den Schweizer Alpen. Einst brachten verschiedene Rheinarme hier fruchtbare Erde, aber auch schlimme Hochwasser. In drei Staatsverträgen (1892, 1924, 1954) einigten sich die Schweiz und Österreich auf eine Kanalisierung. Dennoch haben

der Flussregulierung angelegt wurde. Am Ausgangsort der Bahn in *Lustenau* (126 B2–3) ( *N8*) erklärt das *Museum Rhein-Schauen* anschaulich, wie sich das Rheintal entwickelt hat *(Mai–Okt. Mi, Fr–So 13–17 Uhr | Höchsterstr. 4 | Tel. 05577 2 05 39 | Bahnfahrten Mai–Okt. Fr–So 13.30 u. 15 Uhr | www.rheinschauen.at | Museum 3 Euro, Bahnfahrt und Museum 8,50–10,50 Euro).*

Geführte Touren und Informationen zum Naturschutz gibt es im *Rheindelta-Haus* in Hard (April–Okt. Di–Fr 14–17, Sa u. So 11–17 Uhr | Im Böschen 25 | Tel. 05578 7 44 78 | www.rheindelta.org | Eintritt frei).*

SCHWEIZER UFER

Das Schweizer Bodenseeufer reicht von Stein am Rhein im Westen bis zum alten Zufluss des Rheins in den See im Osten. Zwei Abschnitte unterscheiden sich landschaftlich recht stark.

Entlang des Untersees zwischen Stein am Rhein und Kreuzlingen ist der See schmal und das gegenüberliegende Ufer greifbar nahe. Wer hier eine Schifffahrt unternimmt, pendelt ständig zwischen dem deutschen und dem Schweizer Ufer hin und her. Direkt hinter den vielen kleinen, malerischen Ortschaften steigt das Gelände stark an und bildet den Seerücken, der ein beliebtes Wandergebiet ist und viele schöne Aussichtspunkte bietet. Das Ufer des Obersees ist weiträumiger und etwas langweiliger, zum Radfahren und Inlineskaten allerdings optimal.

ARBON

(125 E1) *(M K7)* **Das quirlige Städtchen (13 000 Ew.) ist eines der beliebtesten Ausflugsziele am Schweizer Obersee. Die 3 km lange Seepromenade, die malerischen Gassen und die alten Fachwerkhäuser sowie das Schloss geben dem Ort sein Gesicht.**

Auf einer Landzunge gelegen, war Arbon schon in der Jungsteinzeit Siedlungsplatz. Die Römer bauten hier ein Kastell und nannten es „arbor felix" (Frucht tragender Baum). Für den wirtschaftlichen Aufschwung im 20. Jh. sorgte die Automobil- und Motorenfirma Saurer. Im Hinterland wächst so viel Obst, dass die Schweizer liebevoll von „Mostindien" sprechen.

Bild: Stein am Rhein

Ein Ort schöner als der andere:
Das Schweizer Ufer ist eingerahmt vom
Zu- und Abfluss des Rheins

SEHENSWERTES

ALTSTADT

Die restaurierten *Fachwerkhäuser* tragen Namen wie „Rothes Haus", „Storchen", „Haus zur Straussenfeder" oder „Haus zur Torwache". Das *Bohlenständerhaus* in der Schmiedgasse 5 aus dem Jahr 1471 ist typisch für die Bauweise dieser Zeit. Das älteste Haus in Arbon ist das 1320 erbaute *Turmhaus* in der Badgasse 2. Sehenswert auch das *Rathaus* in der Promenadenstraße.

SAFT- UND BRENNEREIMUSEUM ●

Einblick in die traditionelle Produktion von Apfelsaft, Apfelwein und Hochprozentigem im *Museum der Traditionsmosterei Möhl.* Nach Voranmeldung finden auch INSIDER TIPP▶ Betriebsführungen mit Degustation statt. Hier erfahren Sie unter anderem, wie die „Blöterli" (Kohlensäure) in den Süßmost kommen, denn in der Schweiz sprudelt der Apfelsaft. *Mo– Fr 8–12 u. 13.30–18.30, Sa 8–16 Uhr | St. Gallerstr. 213 | Tel. 071 4 46 43 43 | www. moehl.ch | Eintritt frei*

Hübsch bunt: die Hundertwasser-Markthalle in Altenrhein

mik, Glas und Münzen der Römer. Über das Mittelalter führt der Rundgang bis in die Neuzeit. *Museum: Mai–Sept. tgl. 14–17 Uhr, Okt., Nov., März, April So 14–17 Uhr | Eintritt 4 Franken o. 2,60 Euro*

ESSEN & TRINKEN

LANDGASTHOF FROHSINN
Im Braukeller mit historischem Gewölbe gibt es eigene Bierspezialitäten und rustikale Gerichte (*€€*). Gutbürgerlich essen können Gäste in der Frohsinn-Stube (*€*), mediterrane Küche wird in der Enoteca serviert (*€€*). Mit Hotel (13 Zi. | *€€€*). *Tgl. | Romanshornerstr. 15 | Tel. 071 4 47 84 84 | www.frohsinn-arbon.ch*

INSIDER TIPP RESTAURANT IM ARBONER STRANDBAD
Das Restaurant kann man auch besuchen, wenn man nicht ins Schwimmbad geht. Herrliche Aussichtsterrasse, preiswert (Selbstbedienung). Nicht zu verwechseln mit dem Arboner Schwimmbad. *April–Sept. tgl. | Philosophenweg 11 | Tel. 071 4 46 17 60 | €*

SAURER OLDTIMERMUSEUM
Liebevoll restaurierte Lastwagen und Busse der Firma Saurer von 1913 bis 1980. *Feb.–Dez. tgl. 10–18 Uhr | Weitegasse 6 | Tickets im Hotel Wunderbar gleich neben dem Museum | www.saurermuseum.ch | Eintritt 6 Franken o. 4 Euro*

SCHLOSS
Wahrscheinlich stand schon im 7. Jh. eine Burg im Gebiet des römischen Kastells (ein Turm aus dem 13. Jh. ist erhalten). 1505 wurde die alte Burg abgerissen, ein paar Jahre später das Schloss erbaut. Heute befindet sich hier das *Historische Museum*. Zu besichtigen sind Funde aus der Jungstein- und Bronzezeit, dazu Kera-

FREIZEIT & SPORT

SCHWIMMBAD
Modernes Schwimmbad direkt am See mit Riesenrutschbahnen und 10-m-Sprungturm. *Mitte Mai–Juni tgl. 8.30–19.30 Uhr, Juli–Mitte Aug. 8–20.30 Uhr, Mitte Aug.–Mitte Sept. 8.30–19 Uhr | Wassergasse 6 | Eintritt 6 Franken*

ÜBERNACHTEN

METROPOL
Komfortables Hotel mit modernem Ambiente, direkt am See mit Bootssteg, großer Terrasse, Gourmet- und Bistrorestaurant. Trotz der zentralen Lage in der Nähe des Bahnhofs äußerst ruhig, da

alle Zimmer zum See ausgerichtet sind. *42 Zi. | Bahnhofstr. 49 | Tel. 071 4 47 82 82 www.metropol-arbon.ch | €€€*

RÖMERHOF

Kleines Hotel in einem Riegelhaus aus dem 16. Jh. Eingerichtet in einer gekonnten Kombination aus Alt und Neu. Feinschmeckerrestaurant mit saisonaler Küche und gut sortiertem Weinkeller. Im Sommer können Sie auf der Terrasse direkt auf der historischen Stadtmauer speisen. *10 Zi. | Freiheitsgasse 3 | Tel. 071 4 47 30 30 | www.roemerhof-arbon.ch | €€€*

INSIDER TIPP ▶ STROHHOTEL

Bei Familie Stäheli-Ackermann in Frasnacht, 2 km von Arbon entfernt, können Sie im Stroh schlafen. Gegen 5 Franken Aufpreis gibt es eine Matratze. *Kratzern 39 | Frasnacht | Tel. 071 4 46 47 72 | www. mostgalerie.ch | €*

AUSKUNFT

VERKEHRSVEREIN ARBON

Schmiedgasse 5 | 9320 Arbon | Tel. 071 4 40 13 80 | www.infocenter-arbon.ch

ZIELE IN DER UMGEBUNG

ALTENRHEIN (126 A1) (⊞ L7)

Vergoldete Zwiebeltürme, leuchtend bunte Farben und schräge Fenster im 12 km entfernten Altenrhein: Hier hat der österreichische Künstler Friedensreich Hundertwasser sein letztes Werk gebaut. Die INSIDER TIPP Markthalle ist ein Gesamtkunstwerk aus Stein und Keramik. Drinnen gibt es ein Restaurant, Filmvorführungen, Diashow und Galerie. *April–Okt. tgl. 10–17.30 Uhr, Nov.–März Sa u. So 13–17.30 Uhr | www. markthalle-altenrhein.ch | Eintritt 5 Franken o. 3,20 Euro*

ROMANSHORN (121 E6) (⊞ J6)

Lebhafter Verkehrsknotenpunkt, 9 km entfernt, mit stündlicher Fährverbindung nach Friedrichshafen. Die Stadt (9500 Ew.) wurde 779 zum ersten Mal urkundlich erwähnt, doch von der langen Geschichte ist außer der *Kirche St. Maria, Petrus und Gallus* auf dem Schlossberg wenig zu sehen. Romanshorn ist ein Skaterparadies. Direkt am Hafen gibt es einen 1000 m^2 großen Skaterpark mit Quarterpipe, Ramps und weiteren Schikanen. Touristinformation: *im Bahnhof | 8590 Romanshorn | Tel. 071 4 63 32 32 | www.romanshorn.ch*

RORSCHACH (125 F1–2) (⊞ K–L6)

Das nur ein paar Kilometer südlich liegende Städtchen (10 000 Ew.) ist ein guter Ausgangspunkt für Ausflüge. Das nach Plänen von Caspar Bagnato 1746 erbaute barocke *Kornhaus* am Hafen ist sein Wahrzeichen. Sehenswert ist auch

MARCO POLO HIGHLIGHTS

★ **Säntis**
Bei Föhnwetter liegt der 2500 m hohe Hausberg der Seeanrainer zum Greifen nah → S. 86

★ **St. Gallen**
Von der Unesco als Wiege abendländischer Kultur zum Welterbe erklärt → S. 86

★ **Schloss Arenenberg**
Originaleinrichtung in der Residenz Napoleons III. und seiner Mutter, Königin Hortense → S. 88

★ **Stein am Rhein**
Eine kleine Stadt wie aus dem Bilderbuch, mit üppig bemalten Häusern → S. 90

die 1924 erbaute *Badhütte* auf Pfählen im See. Wohnen im historischen Ambiente und biologische Küche bietet das *Schlosshotel Wartegg*. Die 🌱 Restaurantküche trägt das Bioknospe-Siegel des Dachverbands der Schweizer Bioproduzenten. *28 Zi. | Rorschacherberg | Tel. 071 8 58 62 62 | www.wartegg.ch | €€€*

Etwas Besonderes ist ein Ausflug mit der 🌱 kleinen roten **INSIDER TIPP** *Zahnradbahn* von Rorschach nach Heiden. Sie überwindet in einer halben Stunde 400 Höhenmeter und bietet auf ihrer Fahrt

kabine von der *Schwägalp* auf den Gipfel. Geübte Wanderer können zu Fuß auf den Säntis, für andere gibt es in der Gegend einfachere Wege zum Wandern. *Abfahrt halbstündlich, bei Bedarf auch öfter | tgl. 8.30–17, Mitte Juni–Okt. 7.30–18 Uhr | www.saentisbahn.ch | Berg- und Talfahrt 30,80 Euro*

ST. GALLEN ⭐
(125 E2–3) *(∅ J–K8)*

Von den Anhöhen aus kann man noch den See sehen, im Rücken erhebt

Die Stiftsbibliothek in St. Gallen beherbergt Bücher aus 15 Jahrhunderten

fantastische Ausblicke über See und Rheindelta. *Abfahrt stündlich | Rorschach-Heiden-Bergbahn | Tel. 071 3 54 50 60 | www.appenzeller-bahnen.de*

SÄNTIS ⭐ 🔵 🌱 (125 D6) *(∅ 0)*

Zu einem der Klassiker unter den Ausflügen in die Berge zählt eine Fahrt mit der Seilbahn auf den Säntis (2500 m), der 40 km südlich von Arbon liegt. In 10 Minuten schwebt man in der Panorama-

sich das Alpsteinmassiv. St. Gallen (70 000 Ew.) geht auf den Wandermönch Gallus zurück, der sich um 612 hier niederließ. Mitten im Zentrum liegt der *Stiftsbezirk* mit seiner spätbarocken Kathedrale, der zum Unesco-Welterbe gehört. In der ehemaligen Benediktinerabtei befindet sich die bedeutende *Stiftsbibliothek* mit mehr als 150 000 Bänden, die bis ins 5. Jh. zurückdatieren. Darunter befinden sich wahre Kostbarkeiten, die im Wechsel ausgestellt werden. Der 1758–67 gebaute Studier- und Lesesaal gilt als schönster Barocksaal der Schweiz *(Mo–Sa 10–17, So 10–16 Uhr | Klosterhof 6 d | www.stiftsbibliothek.ch | Eintritt 10 Franken)*. Touristinformation: *Bahnhofplatz 1a | 9001 St. Gallen | Tel. 071 2 27 37 37 | www.st.gallen-bodensee.ch*

KREUZLINGEN

(120 B–C5) *(*🗺️ *G4–5)* **Der heutzutage 17 000 Ew. zählende Ort ist aus mehreren Dörfern entstanden, daher fehlt ein eigentlicher Ortskern.**

Kreuzlingen ist direkt mit der deutschen Nachbarstadt Konstanz zusammengebaut. Sehenswert sind die 1963 abgebrannte ehemalige *Klosterkirche St. Ulrich (Hauptstraße)*, die originalgetreu im Stil des Barocks wieder aufgebaut wurde, und die weitläufigen *Parkanlagen* am Seeufer mit Natur- und Vogelreservaten, aber auch Baudenkmälern und vielen touristischen Einrichtungen.

SEHENSWERTES

SEEMUSEUM
Dokumentation zur Fischerei- und Schifffahrtsgeschichte des Sees, zu Fischkunde und Gewässerschutz. *Juli–Sept. Di–So 11–17 Uhr, April–Juni u. Okt. Mi, Sa, So 14–17 Uhr, Nov.–März So 14–17 Uhr | Seeweg 3 | www.seemuseum.ch | Eintritt 8 Franken*

STERNWARTE
Sternwarte mit neuem Planetarium. Vorführungen im Planetarium (z. B. zum Thema „Heimatstern Sonne"): *verschiedene Termine, Info im Internet oder unter Tel. 071 6 77 38 00 | 9–11 u. 14–17 Uhr | 8 Euro*. Sternwarte: *Mi 19–22 Uhr | Breitenrainstr. 21 | Bahnstation Bernrain | www.avk.ch | 5 Euro*

ESSEN & TRINKEN

JAKOBSHÖHE
Stilvolles Lokal mit gehobener Küche und kleiner Gartenwirtschaft. Vor allem Fisch. *Mo geschl. | Bergstr. 46 | Tel. 071 6 70 08 88 | €€–€€€*

ZUM BESMER 🌿
Uriger Landgasthof, der bei Einheimischen und Konstanzer Studenten beliebt ist. *Sa geschl. | Besmerstr. 49 | Tel. 071 6 88 18 10 | €*

EINKAUFEN

INSIDER TIPP ▶ SCHOKOLADE BERNRAIN
Schlaraffenland für alle, die Schokolade lieben. Fabrikverkauf: Besonders günstig ist Bruchschokolade. *Mo–Fr 9–12 u. 13.30–17.30 Uhr | Bündtstr. 12 | Bahnstation Bernrain*

STRELLSON
Hochwertige Männerbekleidung zu Fabrikpreisen. Neben der eigenen Marke wird auch für Damen Mode von Tommy Hilfiger, Joop und Windsor angeboten. *Mo–Fr 10–18.30, Sa 9–17 Uhr | Sonnenwiesenstr. 21*

ÜBERNACHTEN

HOTEL KREUZLINGEN
Sachlich moderner Hotelneubau direkt am Hafen mit schickem, elegantem Ambiente. Dachterrasse, Bar-Lounge. *43 Zi., 2 Suiten | Tel. 071 6 77 88 99 | www.hotel-kreuzlingen.ch | €€*

HOTEL-RESTAURANT BAHNHOF POST
Familienfreundliches, gepflegtes Haus, nicht weit von der Uferpromenade. Vier Restaurants, Bar, Gartenrestaurant. *31 Zi. | Nationalstr. 2 | Tel. 071 6 72 79 72 | www.hotel-bahnhof-post.ch | €€*

KREUZLINGEN

AUSKUNFT

VERKEHRSBÜRO
Sonnenstr. 4 | 8280 Kreuzlingen | Tel. 071 6 72 38 40 | www.kreuzlingen-tourismus.ch

ZIELE IN DER UMGEBUNG

ALTNAU (120 C5) (*∅ H5*)

Ein Abstecher nach Altnau (8 km südlich) lohnt sich vor allem aus kulinarischen Gründen. Das *Gasthaus zum Schiff* direkt neben dem Campingplatz Ruederbaum hat für Schweizer Verhältnisse zivile Preise. Wer etwas Warmes bestellt, bekommt eine Nummer, die dann (auf Schwyzerdütsch) lautstark ausgerufen wird, wenn das Essen fertig ist. Vor allem die „Chnusperli im Körbli" (knusprige Fischstücke mit Remoulade) sind zu empfehlen *(tgl. | Tel. 071 6 95 10 40 | €)*. Für Radfahrer und Inlineskater liegt der *Altnauerhof (10 Zi. | €€)* optimal genau am Radweg neben dem Bahnhof. Hier werden Velotouristen (wie man in der Schweiz sagt) gerne bewirtet: schattige Gartenwirtschaft und Bar *(tgl. | Bahnhofstraße | Tel. 071 6 95 22 33 | www.altnauerhof.ch | €–€€)*.

Etwas Besonderes ist **INSIDER TIPP** *Urs Wilhelms Restaurant im Schäfli*. Patron Urs Wilhelm hat dem Kleinod, das in einem Jugendstilhaus untergebracht ist, seinen ganz eigenen Stempel aufgedrückt und sich hier mit Gerichten wie „lauwarmer Pfifferlingssalat mit gebratenem Rehfilet" einen Michelin-Stern erkocht. Vor allem die Tageskarte hat es in sich! Individualität und persönlicher Service werden großgeschrieben, und im zugehörigen kleinen Hotel (4 Zi.) haben schon so einige Paare die Hochzeitsnacht verbracht *(Mi u. Do geschl. | Kaffeegasse 1 | Tel. 071 6 95 18 47 | www.urswilhelm.ch | €€€)*.

ERMATINGEN (120 A4) (*∅ F4*)

Das Fischerdorf liegt 5 km von Kreuzlingen, direkt gegenüber der Reichenau. Auf dem ⭐ *Schloss Arenenberg* lebte 1817–38 Napoleon III. mit seiner Mutter, Königin Hortense. Das Schloss ist als Museum eingerichtet und birgt zahlreiche Erinnerungsstücke an die kaiserliche Familie *(Di–So 10–17 Uhr, im Sommer auch Mo 13–17 Uhr | www.napoleonmuseum.tg.ch | 12 Franken)*. Die Zufahrt ist von Ermatingen aus beschildert. Die ☼ Anhöhen oberhalb von Ermatingen eignen sich gut für Spaziergänge.

Geschichte mit allen Sinnen zu erleben verspricht das **INSIDER TIPP** *Vinorama* in

LOW BUDG€T

▶ Kunstgenuss umsonst und draußen bietet die *Kunstgrenze* zwischen *Konstanz* und *Kreuzlingen*. 2007 wurde der Grenzzaun am See durch 22 Skulpturen ersetzt. Wer diese von allen Seiten betrachtet, wechselt ständig zwischen Deutschland und der Schweiz. Kontrollen sind selten, trotzdem an den Ausweis denken!

▶ Eine historische ● ☼ Parkanlage mit wunderbarem Ausblick auf den Untersee: der neu restaurierte Landschaftspark unterhalb von *Schloss Arenenberg* mit Wasserspielen und Grotten. Im Gegensatz zum Schloss ist der Eintritt in den Park frei.

▶ Während die Konstanzer für ihr Seenachtfest Eintritt verlangen, kann man in *Kreuzlingen* beim zeitgleich stattfindenden *Fantastical* das Feuerwerk kostenlos genießen.

der Ortsmitte. Das ganz besondere Museum zeigt Interessantes zur Geschichte der Bodenseeregion und des Weinbaus. Weinverkostung möglich *(Mai–Okt. Fr–So 14–17 Uhr, Nov.–April Sa u. So 14–17 Uhr | Hauptstr. 62 | Tel. 071 6 60 01 01 | www.vinorama-ermatingen.ch | Eintritt 5 Franken)*. Verkehrsbüro: *im Bahnhof | 8272 Ermatingen | Tel. 071 6 64 19 09 | www.ermatingen.ch*

GOTTLIEBEN (120 B4) *(ＭＯ G4)*

300 Bewohner zählt das Dorf an der Einmündung des Rheins in den Untersee, rund 2 km von Kreuzlingen entfernt. In der im 13. Jh. erbauten Burg (nicht öffentlich zugänglich) saß der Reformator Jan Hus 1415 bis zu seiner Verbrennung in Haft. Besucher können in der am See gelegenen, 350 Jahre alten *Drachenburg* stilvoll wohnen und speisen *(Schlosspark | Tel. 071 6 66 74 74 | www. drachenburg.ch | €€€)*.
Im Wohnhaus des Dichters Emanuel von Bodman (1874–1946) finden regelmäßig Lesungen und Ausstellungen statt *(Bodman-Stiftung | Dorfplatz 1 | www. bodmanhaus.ch)*. Gemeindeverwaltung: *Kirchstr. 11 | 8274 Gottlieben | Tel. 071 6 69 15 67 | www.gottlieben.ch*

Märchenhaft: übernachten in der Drachenburg in Gottlieben

KARTAUSE ITTINGEN (119 D6) *(ＭＯ C5)*

Auf die Spuren des Kartäuserordens begeben sich die Besucher in der 30 km westlich von Kreuzlingen liegenden Kartause Ittingen. Die ehemaligen Mönchszellen geben einen Eindruck vom kargen Leben der Kartäuser. In einem *Laden* gibt es Produkte aus Käserei, Metzgerei und Kräutergarten. Das *Restaurant Zur Mühle (tgl. | €€)* bewirtet vorwiegend mit Produkten des Klosters und schenkt „Original Ittinger Klosterbräu" aus.
In der Kartause befindet sich das *Kunstmuseum* des Kantons Thurgau mit einer bedeutenden Sammlung naiver Kunst und zeitgenössischen Wechselausstellungen. Ein Erlebnis ist der „Ittingen Walk" der kanadischen Künstlerin Janet Cardiff. Ausgerüstet mit einem CD-Player, spazieren die Besucher durch die Anlage und hören Texte und Geräusche, die sich auf die Umgebung beziehen.
Modern-klösterliches Ambiente finden Gäste in den 63 Zimmern zweier Hotels *(Tel. 052 7 48 44 11 | www.kartause.ch | €€€)*. Mai–Sept. tgl. 11–18 Uhr, Okt.–April Mo–Fr 14–17, Sa u. So 11–17 Uhr | 10 Franken, Führung 20 Franken

STEIN AM RHEIN

(119 D4) *(CC4)* ⭐ **Wie aus dem Bilderbuch erscheint die kleine Stadt (3000 Ew.) am westlichsten Seezipfel, wo der Rhein den Untersee verlässt.**

Im intakten mittelalterlichen Stadtkern gruppieren sich spitzgiebelige Gast- und Bürgerhäuser mit Fachwerk, Erkern und Fassadenmalereien um den spätmittelalterlichen *Rathausplatz* und das dominierende Rathaus von 1542. Die Fresken an den Häusern wurden zum großen Teil im 19. Jh. angebracht, einige jedoch bereits in der Renaissance und im Barock.

Die Stadt war wohlhabend: Wo der See schmal wird, mussten die Waren auf kleinere Schiffe umgeladen werden, und das ließ sich Stein am Rhein gut bezahlen. Auch die Gründung des Klosters St. Georgen (1007) trug zum Wohlstand des Ortes bei.

SEHENSWERTES

BURG HOHENKLINGEN ✖

Der ausgeschilderte Anstieg, bei dem rund 200 Höhenmeter überwunden werden, dauert 40 Minuten (man kann allerdings auch mit dem Auto fahren). Im rustikalen *Restaurant (€€)* gibt es feine regionale Küche. *Di–Sa 10–23, So 10–18 Uhr | Tel. 052 7412137 | www. burghohenklingen.ch*

KLOSTERMUSEUM ST. GEORGEN

Eines der am besten erhaltenen Benediktinerklöster im deutschen Sprachraum. Die 1515/16 entstandenen *Wandmalereien* zu Themen der römischen Geschichte, die den Festsaal schmücken, gelten als bedeutendste ihrer Art nördlich der Alpen. *April–Okt. Di–So 10–17 Uhr | Fischmarkt | Eintritt 5 Franken*

MUSEUM LINDWURM

Räume in Originaleinrichtung zeigen, wie die bürgerliche Oberschicht im 19. Jh.

Eine komplette großbürgerliche Wohnung aus dem 19. Jh. zeigt das Museum Lindwurm

gelebt hat. *März–Okt. tgl. 10–17 Uhr | Unterstadt 18 | www.museum-lindwurm.ch | Eintritt 5 Franken*

ESSEN & TRINKEN

ADLER

Das mittelalterliche Haus am Rathausplatz beherbergt eine gepflegte Gartenwirtschaft und ein Restaurant mit hochwertiger Küche. Zum *Hotel Adler (14 Zi. | €€€)* gehört auch das etwas einfachere *Hotel Roseberg (9 Zi. | €€). Mo geschl. | Rathausplatz 2 | Tel. 052 7 42 61 61 | www. adlersteinamrhein.ch | €€–€€€*

BADSTUBE

Romantisches Ausflugslokal mit einer großen Terrasse. Rösti- und Fischspezialitäten. Gekocht wird vorwiegend mit regionalen Produkten. *Tgl. | Bei der Schifflände 13 | Tel. 052 7 41 20 93 | €€*

WEINSTUBE ZUM ROTHEN OCHSEN

Die älteste Schankstube in Stein am Rhein besteht schon seit 1446. Regionale Weine stehen auf der Karte, ein Gartenrestaurant gehört auch dazu. *Di u. Mi geschl. | Rathausplatz 9 | Tel. 052 7 41 23 28 | €€*

ÜBERNACHTEN

CHLOSTERHOF

Ganz nah an der Altstadt, direkt am Wasser und doch abseits von den Touristenströmen. Ein Gourmet- und ein Tagesrestaurant mit Rheinterrasse sind angeschlossen. Schwimmbad, gut ausgestatteter Fitnessraum. *71 Zi. u. Suiten | Öhningerstr. 2 | Tel. 052 7 42 42 42 | www. chlosterhof.ch | €€€*

RHEINFELS

Im Mittelalter war das direkt an der Rheinbrücke gelegene Hotel Zoll- und

Mit dem Ausflugsdampfer geht es zu den Mönchen auf der Insel Werd

Lagerhaus. *16 Zi., 1 Suite | Rhigass 8 | Tel. 052 7 41 21 44 | www.rheinfels.ch | €€*

AUSKUNFT

TOURISMUS STEIN AM RHEIN

Oberstadt 3 | 8260 Stein am Rhein | Tel. 052 742 20 90 | www.steinamrhein.ch

ZIEL IN DER UMGEBUNG

INSIDER TIPP INSEL WERD

(119 D4) (*D4*)

Kleine Rheininsel, 1 km von Stein am Rhein. Hier starb 759 der Abt Othmar aus dem Kloster St. Gallen. Heute leben einige Franziskanermönche auf der Insel. Obwohl das idyllische Fleckchen tagsüber Besuchern offen steht, strahlt es klösterliche Ruhe aus. *www.franziskaner.ch/ standorte/werd/*

AUSFLÜGE & TOUREN

Die Touren sind im Reiseatlas, in der Faltkarte und auf dem hinteren Umschlag grün markiert

1 AM RHEIN ENTLANG NACH SCHAFFHAUSEN

Je nachdem, wie viel Zeit Sie sich für einen Ausflug nach Schaffhausen nehmen möchten und von wo aus Sie starten, können Sie bei dieser Tour verschiedene Routen wählen. Von Konstanz nach Schaffhausen sind es nur 45 km; aber Sie können die Tour durchaus auch zum Tagesausflug ausdehnen, indem Sie z. B. um die Halbinsel Höri am Ufer entlangfahren.

Besonders schön ist es, dem Rhein zu folgen, daher empfiehlt sich ein Start an der **Konstanzer Rheinbrücke**. Hier verlässt der Rhein den Obersee und fließt in den Untersee. Am **Gottlieber Zoll**, im Westen der Konstanzer Innenstadt, überqueren Sie die Grenze zur Schweiz. (Sollten Sie über den Zollhof kommen, fahren Sie nach der Grenze Richtung Tägerwilen.) Die Straße folgt dem Uferverlauf in einigem Abstand. Immer wieder bieten sich Ausblicke auf den See. Wer möchte, kann in **Gottlieben, Ermatingen → S. 88** oder **Steckborn** Zwischenstation einlegen. In **Stein am Rhein → S. 90** sollten Sie sich die bunt bemalten Bürgerhäuser ansehen. In dieser Stadt am Westende des Bodensees verlässt der Rhein den See wieder. Von hier aus sind es noch rund 17 km nach **Schaffhausen**. Zuvor lohnt ein Halt in **Diessenhofen**. Trotz des mittelalterlichen Stadtbilds ist der Ort nicht überlaufen. Sehenswert ist die fast 200 Jahre alte überdachte Holzbrücke, die über den Rhein nach Gailingen führt.

Bild: Rheinfall von Schaffhausen

Unterwegs am Fluss und auf dem See: Europas größter Wasserfall und weiße Schiffe, spöttische Skulpturen und Wege durchs Schilf

Die Hauptattraktion in Schaffhausen ist der ⭐ **Rheinfall** (Zufahrt und Parkplätze sind ausgeschildert). Die Wassermassen des größten Wasserfalls Mitteleuropas stürzen bei **Neuhausen** 23 m in die Tiefe. Eine Bootsfahrt (von unten) zu der in der Mitte aufragenden Felsnase ist ungefährlich, aber dennoch ein Abenteuer. Die Altstadt von Schaffhausen ist einen Abstecher wert. Über der Stadt liegt die 🌿 **Festungsanlage Munot** aus dem 16. Jh. Für Kulturinteressierte ist das **Allerheiligen-Museum** im ehema-

ligen Benediktinerkloster interessant: vor- und frühgeschichtliche Sammlung, Gemälde u. a. von Otto Dix und Ferdinand Hodler, Wechselausstellungen zeitgenössischer Kunst *(Münsterplatz | Di–So 11–17 Uhr | 9 Franken)*. Die **Hallen für neue Kunst** präsentieren Kunst seit den 60er-Jahren *(Baumgartenstr. 23 | Sa 15–17, So 11–17 Uhr | 14 Franken)*. An der Mauer des *Fronwagplatzes 8* befindet sich die kleinste **INSIDER TIPP** **Galerie** von Schaffhausen. Sie hat 24 Stunden am Tag, an 365 Tagen im Jahr geöffnet.

Ein müdes Pferd: Martin Walser, wie Peter Lenk ihn sieht

In einem Schaukasten zeigen namhafte Künstler kleinformatige Werke. *Schaffhausen Tourismus | Herrenacker 15 | Schaffhausen | Tel. 052 6 32 40 20 | www. schaffhausen-tourismus.ch*

Nun können Sie sich entscheiden. Soll der Heimweg nach Konstanz möglichst schnell gehen, fahren Sie über die Autobahn Richtung Singen und über die B 33 nach Konstanz. Haben Sie dagegen Lust, noch ein wenig die Landschaft zu

erkunden, fahren Sie zurück bis Stein am Rhein. Hier überqueren Sie den Zoll und wechseln auf die deutsche Seite des Untersees. In **Öhningen** haben Sie wiederum die Wahl. Hier geht der Weg entweder auf der Landstraße am Seeufer entlang um die Halbinsel **Höri** → S. 43 herum oder über den Schiener Berg nach **Radolfzell** → S. 41. Beide Strecken sind landschaftlich schön. Wenn Sie über den Schiener Berg fahren wollen, biegen Sie in Öhningen links ab Richtung **Schienen**. Von Radolfzell aus geht es auf der B 33 rasch zurück nach Konstanz.

② DIE SKULPTOUR VON KONSTANZ BIS MARKDORF

Bodensee-Bildhauer Peter Lenk ist bekannt für spöttische Skulpturen; seine Figuren lösen Heiterkeit, aber auch Ärger aus. Diese „Skulptour" (110 km, halber Tag, auch für Motorradfahrer attraktiv) wird allen Spaß machen, die in Stein gehauene Satire zu schätzen wissen.

Die Reise zu Lenks üppigen Figuren beginnt in **Konstanz** → S. 32 auf der **Laube**. Hier, auf dem Mittelstreifen des vierspurigen Konstanzer Altstadtrings, hat er den Autofahrern mit einem „Triumphbogen" ein Denkmal gesetzt: Für Ärger sorgte nach der Enthüllung 1990 ein aus dem Wagen kippender Papst. Katholiken hängten zeitweise ein Kruzifix auf der anderen Straßenseite ab, damit Jesus nicht auf den umstrittenen Brunnen schauen musste. Lassen Sie das Auto noch stehen. Zu Fuß geht es in ein paar Minuten durch die Altstadt zum nahen **Hafen**, wo sich das wohl berühmteste Lenk-Werk im Kreis dreht: die „Imperia". Die 18 t schwere und 9 m hohe Figur ist ein Wahrzeichen der Stadt. Die Imperia erinnert an die vielen Huren, die während des Konzils 1414–18 in Konstanz waren. Als kleine Männlein hält sie Papst und Kaiser auf ihren Händen.

Nun geht es mit dem Auto weiter: Wer über die Neue Rheinbrücke fährt, erkennt drei **weiße Bürohochhäuser** des Unternehmens Océ *(Max-Stromeyer-Str. 116)*. Am neuesten von ihnen lehnt Lenks „Karriereleiter" aus Stein, von der machthungrige Manager stürzen. Raus aus der Stadt folgen Sie den Schildern Richtung Fähre, dann Mainau. An der Inselabfahrt vorbei führt die Landstraße durch die Konstanzer Vororte Litzelstetten, Dettingen und Wallhausen sowie weiter über den **INSIDER TIPP** **Bodanrück,** das unter Naturschutz stehende Konstanzer Hinterland mit vielen Wäldern und Wiesen. Fahren Sie Richtung Langenrain und Liggeringen, wo Sie dem Schild Richtung Bodman folgen und die **Marienschlucht → S. 51** passieren. In **Bodman → S. 48** arbeitet und wohnt Peter Lenk *(www.peter-lenk.de)*. In seinem Garten stehen zahlreiche Skulpturen.

Von Bodman weiter nach **Stockach** (den Schildern folgen): In der Stadt biegen Sie zur Stadtmitte ab und fahren Richtung Zentrum und Bahnhof, in dessen Nähe die örtliche **Sparkasse** neben ihrer Hauptstelle ein gewaltiges Lenk-Denkmal hat errichten lassen: Es zeigt auf einem original U-Bootturm den ehemaligen Verteidigungsminister Rudolf Scharping in vierfacher Ausführung, mit Anspielung auf Skandälchen des Politikers. In der Stockacher **Oberstadt** thront hoch oben auf dem Giebel eines aufwendig restaurierten Hauses mit Apotheke eine weitere, kleinere Lenk-Figur: Hier ist Justitia zu sehen, wie sie den „Ehrenwortbuben" Helmut Kohl übers Knie legt *(Hauptstr. 6)*.

Die Fahrt verläuft weiter Richtung Lindau/Ludwigshafen. Bald teilt sich die Bundesstraße: Sie können entscheiden, ob Sie die ausgebaute B 31 neu nutzen

oder über die alte Straße am See entlang fahren (dann Richtung Ludwigshafen und Sipplingen einordnen). Schließlich fahren Sie in **Überlingen → S. 55** direkt ins Zentrum. Nach dem Kurhaus erreichen Sie den **Platz vor der Schiffsanlegestelle** (große Bushaltestelle): Auf diesem steht ebenfalls eine Lenk-Skulptur, die den in Überlingen lebenden Schriftsteller Martin Walser zeigt. Zur letzten Station der Tour fahren Sie ab Stockach Richtung Meersburg/Markdorf (zunächst den Schildern Lindau/Nußdorf folgen) an der Wallfahrtskirche **Birnau → S. 57** vorbei. Sie können sich erneut entscheiden: entweder am Ufer entlang, an den **Uhldinger Pfahlbauten → S. 59** und am Meersburger Fährhafen vorbei, oder auf der B 33 neu. In Meersburg verbinden sich beide Routen; Ziel ist **Markdorf → S.67**. Hier im Stadtzentrum Richtung Gehrenberg abbiegen und den Anstieg hinauf: Auf der linken Seite liegt das ☙ **Wirtshaus am Gehrenberg**, dessen Innenhof Peter Lenk gestaltet hat *(tgl. | Gehrenberg 1 | Tel. 07544 7 22 89 | €–€€)*. In **Meersburg → S. 51** steht am Schiffshafen das 2007 enthüllte Lenk-Denkmal für Annette von Droste-Hülshoff. Zurück geht es vom Fährhafen aus nach Konstanz.

③ URLAUB AUF DEM BODENSEE MIT DER WEISSEN FLOTTE

Wer an den Bodensee kommt, kann nicht nur am, sondern auch auf dem See Urlaub machen: Dabei ist eine Fahrt mit der ★ ● Weißen Flotte ein Muss. Mehr als 4,5 Mio. Passagiere zählt die internationale Bodenseeflotte im Jahr. Die Schifffahrtssaison mit täglichem Kursverkehr startet gegen Ende März und dauert meist bis Anfang Oktober, oft wird sie um ein bis zwei Wochen verlängert. Außerhalb der Saison gelten die Nikolaus-

Solarkatamarane: geräuschlos, sauber und beim Publikum sehr beliebt

fahrten mit Kinderbescherung an den Adventssonntagen und die Silvesterfahrten als Attraktion.

Die deutsche Bodenseeschifffahrt nahm 1824 mit der Verbindung Friedrichshafen–Rorschach ihren Kursverkehr auf. 2003 verkaufte die Bahn die Weiße Flotte an die Konstanzer Stadtwerke.

Zu den Klassikern unter den Touren zählen die großen Ausflugsfahrten, etwa von Friedrichshafen nach Konstanz und zurück (Fahrtzeit für eine Strecke etwa 1,5 Stunden, einfache Fahrt 11 Euro). Auch wer den gesamten Obersee per Schiff erkunden will, kann dies: Die Fahrt von Bregenz nach Konstanz dauert allerdings fast vier Stunden (15,40 Euro). Die Schiffe tuckern gemächlich, wer auf Action steht, kann sich deshalb rasch langweilen.

Zunehmend beliebt sind auch aus diesem Grund kombinierte Rad-Schiffsausflüge, denn die Weiße Flotte nimmt auch Räder mit. Die Schiffsbetriebe bieten überdies zahlreiche Sonder- und Ausflugsfahrten an. *Bodensee-Schiffsbetriebe | Hafenstr. 6 | Konstanz | Tel. 07531 3 64 03 89 | www.bsb-online.com*

Seit Juli 2005 gibt es eine direkte Katamaran-Schnellverbindung zwischen Konstanz und Friedrichshafen. Die bis zu 40 km/h schnellen Doppelrumpfschiffe können jeweils 180 Fahrgäste an Bord nehmen. Sie verkehren ganzjährig im Stundentakt, Fahrtdauer 45 Minuten (9,50 Euro). *Katamaran-Reederei Bodensee | Tel. 07531 3 63 93 20 | www.bodensee-katamaran.de*

Wer keine Schiffsfahrt erleben möchte wie alle anderen, der kann an Bord der des größten Solarschiffs auf dem Bodensee, der „Helio", ein Stück Zukunft besichtigen. Neben Charterfahrten finden Kulturveranstaltungen und naturkundliche Rundfahrten statt. Auch auf anderen Strecken bieten verschiedene Anbieter ⏱ **INSIDER**▸**TIPP**▸ Fahrten mit Solarschiffen an. Von der Mainau aus starten Rundfahrten. Eine weitere Route führt von Konstanz über Kreuzlingen nach Bottighofen. *Fahrten nur in den Sommermonaten | Bodenseesolarschifffahrt | Fritz-Reichle-Ring 4 | Radolfzell | Tel. 07732 9 39 11 39 | www.bodenseesolarschifffahrt.de, www.solarfaehre.de*

Ein Stück Vergangenheit erleben können Sie auf dem letzten Schaufelrad-Dampfschiff des Bodensees: Die 1913 in Dienst gestellte, 56 m lange „Hohentwiel" ist oft auf Charterfahrt, es gibt aber auch Touren für jedermann. *„Hohentwiel" Schifffahrtsgesellschaft | Kohlplatzstr. 17 | Hard | Tel. 05574 6 35 60| www. hohentwiel.com*

4 NATUR PUR: ZU FUSS DURCH EIN EUROPÄISCHES SCHUTZGEBIET

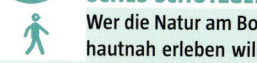

Wer die Natur am Bodensee hautnah erleben will, sollte sie zu Fuß erkunden, beispielsweise am Untersee. Weil die Flachwasserzonen hier mit ihren Schilfgürteln Tieren und Pflanzen einen wichtigen und schützenswerten Lebensraum bieten, gehören sie zum europäischen Schutzgebiet „Natura 2000". Das heißt jedoch nicht, dass Betreten verboten ist. Start der gut 6 km langen Tour ist das Naturfreundehaus Bodensee in Radolfzell-Markelfingen (Radolfzeller Str. 1).

Farbige Tafeln am Wegrand informieren über Flora und Fauna, und wer die Augen offen hält, kann viele, auch seltene Vögel entdecken. Denn der Bodensee ist bei Zugvögeln ein beliebter Rastplatz – so finden sich beispielsweise regelmäßig gefiederte Gäste aus Sibirien ein.

Vom ⏱ Naturfreundehaus aus geht der Weg immer am Ufer entlang in Richtung **Radolfzell → S. 41**, vorbei am Bade- und Campingplatz in Markelfingen. Bei Station 10 biegt der Weg links ab und folgt einem kleinen Wanderweg bis zur Tafel 11. Ab hier folgt die Tour der Strandbadstraße. Nach Station 12 zweigt links ein kleiner Naturpfad ab, der schließlich wieder zur Strandbadstraße und bis zum **Mettnauturm** führt, der eine schöne Aussicht über den sogenannten „Markelfinger Winkel" bietet.

Interessant ist diese Tour zu jeder Jahreszeit, denn immer wieder gibt es etwas anderes zu sehen oder zu hören. So ist der Winter die Hochzeit der Wasservögel, die sich zu Tausenden im Flachwasserbereich sammeln. Im Frühling lädt die Nachtigall zum Morgenkonzert, und außerdem lassen sich Wildenten und Haubentaucher bei der Balz beobachten. Im Sommer grünt und blüht es, während der Herbst die beste Zeit ist, um interessante Federn zu sammeln und farbenprächtige Sonnenuntergänge zu beobachten.

Zur Tour ist eine Broschüre erschienen, die bei der *Touristinformation Radolfzell* oder beim *Tourismus Untersee e. V. (www. tourismus-untersee.de)* erhältlich ist.

Weißstorch bei der Nahrungssuche

SPORT & AKTIVITÄTEN

Der Bodensee ist nicht nur für Faulenzer und Gourmets attraktiv. Nahezu jede Gemeinde bietet Wander- und Radtouren auf gut markierten Wegen an.

Hinzu kommen zahlreiche private Angebote – vom Seebad über Erlebnistouren an Land und auf dem Wasser bis hin zum Golfplatz.

ANGELN

Wer einen Angelschein hat, kann sich in Deutschland eine befristete Erlaubnis bei der jeweiligen Ufergemeinde ausstellen lassen. In der Schweiz ist die Uferfischerei mit festem Zapfen (Pose) und einfacher Angel frei. In Österreich gibt es Tages- und Wochenkarten bei den Touristinformationen.

CANYONING & NATUR-EXKURSIONEN

Mehrere Veranstalter in Vorarlberg bieten Outdoor-Action in Schluchten und auf Bergbächen an. *Info: Bodensee-Alpenrhein Tourismus | Bregenz | Tel. 05574 4 34 43 | www.bodensee-vorarlberg.com* Wildnisexkursionen versprechen hautnahe Naturerkundung. Die Teilnehmer entzünden Feuer oder bauen eine Hütte im Wald. Ein- oder mehrtägige Touren. *Corvus Natur- und Wildnisschule | Friedrichshafen | www.corvus-bodensee.de*

GOLF

Golfen ist in – und die Golfplätze rund um den See vermehren sich ständig. Für

An Land, im und auf dem Wasser: Am See gibt es Sport- und Fitnessangebote ohne Ende

Einsteiger gibt es beim *Golfclub Schloss Langenstein* außer dem 18-Loch-Platz einen 9-Loch-Platz *(Tel. 07774 5 06 51)*. Auch im *Golfclub Überlingen-Owingen* sind Gäste willkommen: *Hofgut Lugenhof | Owingen/Überlingen | Tel. 07551 8 30 40 | www.golfclub-owingen.de*

IN DER LUFT

Wer einmal im Ballonkorb mitfahren möchte, kann das z. B. in Friedrichshafen: *Luftfahrt Schwörer | Dietostr. 11 | Tel. 07541*

3 12 80 | www.ballonfahrten-bodensee.de oder *Ballonfahrten Kloos | Stockerholzstr. 1 | Tel. 07541 4 23 33 | www.balloneugen.de | ab 220 Euro.*
Ein ganz besonderes Erlebnis sind sicherlich Rundflüge mit dem Zeppelin. Infos und Buchung unter *Tel. 07541 5 90 00 | www.zeppelinflug.de | ab 200 Euro.*

INLINESKATING

Auf den über 260 km langen asphaltierten Uferwegen tummeln sich nicht nur

Radfahrer, sondern auch Inlineskater. Für trainierte Fahrer bietet sich eine Rundtour rund um den Untersee an, die in Konstanz ihren Anfang nehmen kann. Einen Teil der Strecke fährt man mit dem Zug, über den See setzt man mit der Solarfähre. www.bodensee.eu

KANU & KAJAK

Im *Kanuzentrum Konstanz* liegt die größte Kanu- und Kajakflotte am Bodensee. Von einer Kurztour bis zum mehrtägigen Ausflug ist alles möglich. Wer nicht auf demselben Weg zurückmöchte, bucht eine One-Way-Tour. *La Canoa | Konstanz | Robert-Bosch-Str. 4b | Tel. 07531 95 95 99 | www.lacanoa.com*

Fahrradtour im Naturschutzgebiet: Radler rasten im Wollmatinger Ried

RADFAHREN

Der Bodensee-Radweg ist Deutschlands beliebteste Radroute. Jedes Jahr strampeln sich über 300 000 Gäste auf der 270 km langen Strecke rund um den See ab. Abkürzen können Radler mit einer der Fähren. Für eine Tagestour bieten sich Teilstrecken um den Untersee oder um den Überlinger See an. Es wird ein **INSIDER TIPP** Gepäckservice auch für Individualtouristen angeboten. 9 Euro kostet es, das Gepäck zum nächsten Übernachtungsort transportieren zu lassen (am Vortag bis 16 Uhr in den meisten Unterkünften am See zu buchen). *Information unter Tel. 07531 81 99 30 | www. bodensee-radweg.com*

SAUNEN

Etwas Gutes tun können Sie sich in der komfortablen ● *Saunaoase Bora* in *Radolfzell* auf der Halbinsel Mettnau. Das Saunaparadies liegt praktisch direkt im Naturschutzgebiet und verfügt über einen eigenen Seezugang. Besucher können wählen zwischen Finnischer-, Erd-, Kelo-Steg-Sauna, Dampfbad, Sanarium oder einer Rauch-Sauna. Wer sich nach dem Saunagang nicht im See abkühlen möchte, kann dies auch im Pool oder unter bewachsenen Steinduschen tun. Saunabar, Restaurant und Biergarten vervollständigen das Angebot. *Mo–Fr 10–23, Sa 13–23 (in den Ferien 10–23), So 10–22 Uhr | Tageskarte 18,50 Euro* Weitere Saunalandschaften gibt es in den Wellnessthermen in Konstanz, Meersburg und Überlingen.

SEGELN & SURFEN

Fast 100 Segelclubs liegen an den Ufern des Sees. Ohne Bodenseeschifferpatent darf man nicht auf den See. Dies gilt für alle Boote, die mehr als 12 m² Segelfläche oder mehr als 4,4 kW Motorleistung haben. Was darunter liegt, nicht länger als 2,5 m ist und keine sanitären Anlagen hat, darf auch ohne Schifferpatent ins Wasser. Gäste, die ein Patent auf einem anderen See erworben haben, bekommen auf Antrag ein Ferienpatent für maximal vier Wochen bei den Landratsämtern.

Es gibt eine Vielzahl von Regatten. Die bekannteste ist die „Rundum", die am Abend startet und die Nacht hindurch dauert. Die „West-Ost" oder aber „Ost-West" wechselt in jedem Jahr die Richtung zwischen Lindau und Konstanz. *www.regatta-bodensee.com*
Infos: Bodensee-Segler-Verband | Dieter Haertl | Rossgasse 14 | Hard | Tel. +43 5574 8 94 49 10 | www.bsvb.at; Verband deutscher Sportbootschulen | Varlar 86 | Rosendahl | Tel. 06322 95 62 80 | www.sportbootschulen.de

Wer surfen möchte, findet Surfschulen rund um den See. Hier können auch Anfänger den Umgang mit dem wackligen Brett lernen. Superkönnern ist der Wind auf dem See meist nicht stark genug. *Surfschule Bodensee | Bella Forbrich | Strandweg 32b | Überlingen | Tel. 07551 8 05 57 18 | www.surfschulebodensee.de | Grundkurs ca. 130 Euro, zweistündiger Schnupperkurs 35 Euro*

Seglertraum: Der Bodensee ist ein hervorragendes Revier

TAUCHEN

Tinas Tauchschule auf der Insel *Reichenau* bietet auch Kindertauchen an, außerdem Verleih von Ausrüstung *(Martina und Manfred Banholzer | Uferstr. 22 | Tel. 07533 93 37 00).*
Informationen über weitere Tauchschulen und Kurse für Anfänger und Fortgeschrittene bei den Touristinformationen.

SKIKEN

Immer mehr Freunde gewinnt eine noch relativ unbekannte Sportart: Das Skiken ist eine Mischung aus Skilanglauf und Inlineskaten und bietet so ein perfektes Ganzkörpertraining. Die Ausrüstung können Sie leihen und Einführungskurse buchen bei: *Joachim Auer Gesundheitsmanagement | Conradin-Kreutzer-Str. 29 | Stockach | Tel. 07771 91 89 49 | www.joachimauer.de*

WANDERN

Der Bodensee samt Hinterland ist ein Wanderparadies. Wer es alpiner mag, fährt in die nahen Berge. In Appenzell gibt es einen „Witzwanderweg" (von Heiden über Wolfhalden nach Walzenhausen). Die dreistündige Wanderung führt an 70 Witztafeln vorbei. Die Touristinformationen rund um den See geben Auskunft über besonders schöne Wege und Routen, ebenso der *Schwarzwaldverein (www.schwarzwaldverein-konstanz.de).*

MIT KINDERN UNTERWEGS

Wasser ist für Kinder immer attraktiv: Wenn sie schwimmen wollen, können sie in eines der zahlreichen Strandbäder gehen oder irgendwo vom Ufer in den See springen. Und auch auf dem Wasser haben die Kids Spaß: Ob mit Dampfer, historischer Lädine, mit der Solarfähre, Tret- oder Ruderboot – hier dürfte für alle etwas dabei sein.

Viele Radlerstrecken am See sind für Kinder gut zu bewältigen, weil sie sicher sind und nur sanfte Auf- und Abstiege haben. Auch kombinierte Touren, bei denen man das Rad ein Stück mit dem Schiff transportiert, sind für Kinder wie für Eltern ein Erlebnis. Überhaupt bietet der Bodensee viele Attraktionen, die Erwachsene und Kinder begeistern. Ein ideales Familienziel – allerdings ist das Preisniveau oft hoch. Viele Sehenswürdigkeiten haben inzwischen Familientarife, und fast jeder Urlaubsort organisiert während der Hauptsaison Kinderprogramme. Auch die größeren Museen haben sich auf Kinder eingestellt. In den Städten gibt es Führungen speziell für Kinder. Näheres bei den Touristinformationen.

KONSTANZ UND UNTERSEE

BEROLINO (119 E2) (📖 D2)

Angeblich gibt es ja kein schlechtes Wetter, sondern nur die unpassende Kleidung. Wen es aber beim besten Willen nicht an die frische Luft zieht, der findet in *Steißlingen* einen 2500 m² großen überdachten Hallenspielplatz. Herz der

Ideales Urlaubsziel für Familien:
Überall gibt es Attraktionen, die Kindern
und Eltern Spaß machen

Anlage ist ein 250 m² großer und 7 m hoher Kletter- und Rutschenturm mit einer 4er-Wellenrutsche und einer Spiralrutsche, mit Hängebrücke und Seilbahn. Vergnüglich klettern lässt es sich auch auf dem „Soft-Mountain" einem 80 m² großen Wabbelberg. Das Vergnügen ist übrigens nicht nur für Kinder reserviert: Auch die Eltern dürfen sich hier austoben, man hat ja schließlich Urlaub. *Mo–Fr 14–19, Sa, So 10–19 Uhr, in den Ferienwochen tgl. 10–19 Uhr | Zeppelinstr. 1 | Eintritt 3 Euro, Kinder 8 Euro*

SEA-LIFE-CENTER ● ◔
(120 B4) *(ﾒﾒ G4)*

Auf eine spannende Reise in die Unterwasserwelt werden Besucher des Sea-Life-Centers in Konstanz mitgenommen. Die Hauptattraktionen sind ein verglaster Hai-Tunnel und eine aufwendig gestaltete Pinguin-Anlage. Das Aquarium mit über 40 Süß- und Salzwasserbecken liegt direkt am Hafen. Die Betreiber arbeiten mit Greenpeace zusammen. Im Gebäude befindet sich auch das *Bodensee-Naturmuseum*. Es gibt ein SB-Restaurant mit

Seeblick (€€). Juli–Sept. tgl. 10–19 Uhr, Mai, Juni, Sept., Okt. 10–18 Uhr, Nov.–April 10–17 Uhr | www.sealife.de | Eintritt 14,95 Euro, Kinder 9,95 Euro

WILD- UND FREIZEITPARK BODANRÜCK (120 A3) (∅ F3)

Wölfe und Bären, Steinböcke und Mufflons, dazu Kleintiere im Streichelzoo und ein Abenteuerspielplatz mit Riesenrutsche locken die Besucher auf den Bodanrück. Im Park gibt es mehrere Grillstellen, Grillkohle an der Kasse. Wer sich nicht selbst verpflegen möchte, kann im *Landgasthaus Mindelsee (März–Dez. | Tel. 07533 93 16 13 | €)* essen. *Mai–Sept. tgl. 9–17 Uhr, Okt.–April tgl. 10–17 Uhr | Gemeinmerk 7 | Allensbach | www.wildundfreizeitpark.de | Eintritt 7 Euro (Mitte Nov.–Feb. 5,50 Euro), Kinder 5 Euro*

ÜBERLINGER SEE

AFFENBERG SALEM (120 C3) (∅ H2)

Aufgepasst! Halten Sie Ihre Handtasche fest! Die 200 Berberaffen in Deutschlands größtem Affenfreigehege sind ziemlich frech, und kein Zaun trennt die lustigen Kerle von ihren zweibeinigen Besuchern. Das Popcorn, das man am Eingang erhält, fressen die Affen aus der Hand. Zu dem 20 ha großen Gelände gehören eine Ausstellung über Affen in der Kunst, ein Storchenweiher, ein Damwildgehege und eine Gartenwirtschaft. Zu Fuß kann man von der Klosterkirche Birnau aus über den *Prälatenweg* zum rund 3 km entfernten Affenberg wandern. Die Anfahrt ist ausgeschildert. *Mitte März–Okt. 9–18 Uhr, erste Novemberwoche 9–17 Uhr | www.affenberg-salem.de | Eintritt 7,50 Euro, Kinder 4,50 Euro*

REPTILIENHAUS UNTERUHLDINGEN (120 C3) (∅ H3)

Mit über 100 Tieren besitzt das Haus die zweitgrößte Reptilienschau in Baden-Württemberg nach der Wilhelma. Schlangen, Schildkröten, Echsen und Vogelspinnen haben hier ein artgerechtes Zuhause gefunden. Einige der Tiere darf man auch anfassen, außerdem können Besucher bei der Fütterung zusehen. *Ende März–Anfang Nov. 9.30–18*

Wo Käpt'n Blaubär und Hein Blöd grüßen: Ravensburger Spieleland

Uhr, Nov.–Ende März Sa, So, 11–17 Uhr | Ehbachstr. 4 | www.reptilienhaus.de | Eintritt 5 Euro, Kinder 2,50 Euro

OBERSEE

RAVENSBURGER SPIELELAND
(122 B3) (ⓜ M3)

Mit Käpt'n Blaubär auf eine abenteuerliche Rundfahrt gehen oder lieber mit dem Gummikutter in See stechen? Danach vielleicht in Fix und Foxis Kiesgrube Baggerführer spielen. Im Ravensburger Spieleland bei Meckenbeuren hat der bekannte deutsche Spieleverlag eine Attraktion geschaffen, die sich vor allem an jüngere Kinder richtet. Achterbahnen sucht man vergebens, dafür können Kinder in der Verkehrsschule den Führerschein erwerben. Wer es rasanter mag, der legt sich im „Raketenblitz", einer 500 m langen Rennbobstrecke, in die Kurven. Intergalaktisch geht es zu im „Galaxy-Racer", einem Jeep, bei dem die Erwachsenen höchstens Beifahrer spielen dürfen. *Mitte Mai–Mitte Sept. 10–19 Uhr, April–Mitte Mai u. Mitte Sept.–Okt. 10–18 Uhr, an einigen Tagen geschl. | Am Hangenwald 1 | Meckenbeuren | Infotel. 07542 40 01 00 | www.spieleland.com | Eintritt 23,50 Euro, Kinder 21,50 Euro*

SCHWEIZER UFER

CONNYLAND (120 A5) (ⓜ F5)

Sehr beliebt ist der Schweizer Freizeitpark Connyland bei Lipperswil (gut ausgeschildert). Hauptattraktion ist eine Delphinlagune mit entsprechender Show. Nach Kritik an der Haltung hat Connyland die Anlage inzwischen modernisiert. Einen Überblick über das Gelände verschafft man sich am besten von der Seilbahn aus, gemütlicher geht es in der Dampfeisenbahn zu. Action gibt's im Autoskooter, auf der Riesenrutsche oder beim Ponyreiten.

Faszination Technik im Technorama

Auch ein Restaurant ist vorhanden. *April–Okt. 10–18 Uhr | www.connyland.ch | Eintritt 20 Euro, Kinder 18 Euro*

TECHNORAMA ● (O) (ⓜ B7)

Die Faszination von Naturwissenschaft und Technik. Im anschaulich gestalteten Technikmuseum in Winterthur macht Lernen und Entdecken Spaß, denn Ausprobieren ist nicht nur erlaubt, sondern sogar erwünscht. Da stehen den Besuchern vor Staunen – und unter dem riesigen Bandgenerator buchstäblich – die Haare zu Berge. Es gibt außerdem regelmäßige **INSIDER TIPP** Themenausstellungen, wie zum Beispiel über Magnetismus. Mit Restaurant. *Di–So 10–17 Uhr | Technoramastr. 1 | Winterthur | www.technorama.ch | Eintritt 18,50 Euro, Kinder 10 Euro*

EVENTS, FESTE & MEHR

Hier feiern die Menschen gern und oft: Im Winter gibt es die Fasnacht (Fasnet), im Frühjahr und Sommer finden Konzerte und Festivals statt, im Spätsommer und Herbst unzählige Wein- und Fischerfeste, im Dezember werden die Weihnachtsmärkte aufgebaut.

NATIONALE FEIERTAGE

1. August *Nationalfeiertag* (Schweiz); **3. Oktober** *Tag der Deutschen Einheit* (Deutschland); **26. Oktober** *Staatsfeiertag* (Österreich)

FESTE & VERANSTALTUNGEN

AB MÄRZ

▶ *Internationale Schlosskonzerte* im Neuen Schloss Meersburg (bis in den Herbst): Schwerpunkt auf Kammermusik, bei schönem Wetter auch open air *(Kartentel. 07532 44 04 00)*

MAI

▶ *Internationales Bodenseefestival:* Klassische Musik und andere Kunstformen über vier Wochen an vielen Orten rund um den See *(www.bodfest.de)*
Eine Woche nach Pfingstmontag feiert die Reichenau das ▶ ⭐ *Heilig-Blut-Fest*,

den höchsten der drei Inselfeiertage. 925 soll der Abtei ein Kreuz mit dem Blut Christi geschenkt worden sein.
Auch an den zwei anderen Inselfeiertagen ruht die Arbeit: Trachtenträgerinnen und Bürgerwehr marschieren zu Prozessionen auf (25. April ▶ *Markusfest*, 15. August ▶ *Münster-Patrozinium*).

JUNI/JULI

▶ *Konstanzer Flohmarkt:* Zu einem der größten Trödelmärkte Süddeutschlands kommen Ende des Monats bis zu 60 000 Besucher. Die wahren Schnäppchenjäger kommen aber **INSIDER TIPP** ▶ am Tag und in der Nacht zuvor *(Stadtmarketing | Tel. 07531 2 82 48 21 | www.flohmarkt-konstanz.de)*.

JULI

Beim ▶ *Singener Hohentwielfestival* treten international bekannte Künstler aus Pop, Rock und Jazz auf der Festungsruine auf *(Koko Entertainment | Tel. 07531 90 88 44 | www.koko.de)*.

▶ **INSIDER TIPP** ▶ *Seetorfescht:* typisches Wein- und Straßenfest in Allensbach. Am Festsonntag Wasserprozession zur Reichenau
Die Radolfzeller feiern jeden dritten Sonntag im Juli das ▶ *Hausherrenfest*

Feste rund ums Jahr:
Am Bodensee wird eigentlich immer
irgendwo gefeiert

mit Gottesdiensten und einem Strand-
fest mit Gondelkorso und Feuerwerk. Am
folgenden Montag (Feiertag) wallfahren
die Einwohner von Moos mit blumenge-
schmückten Booten über den See zu Eh-
ren der Radolfzeller Stadtpatrone.

Das ▶ **Seehasenfest** in Friedrichshafen ist
ein viertägiges Kinder- und Heimatfest in
der Monatsmitte mit Feuerwerk.

▶ ⭐ **Bregenzer Festspiele** (bis in den
August): ein Höhepunkt des Kulturle-
bens am See und weltbekannt. Opern
werden auf der Bregenzer Seebühne
spektakulär inszeniert *(Tel. 05574 40 76 |
www.bregenzerfestspiele.at)*.

Beim zehntägigen ▶ *Kulturufer Friedrichshafen* gibt es ab Monatsende in zwei
Zirkuszelten am See Musik und Theater.

AUGUST

▶ ⭐ 🟢 *Seenachtfest Konstanz/Kreuz-
lingen:* am zweiten Samstag des Monats
Spektakel und Musik an Land, auf dem
Wasser und in der Luft. Der Uferbesuch
kostet an diesem Tag in Konstanz Eintritt,

▶ INSIDER TIPP in Kreuzlingen dagegen
nicht. Höhepunkt ist ein gemeinsames
Feuerwerk.

▶ *Rock am See:* ganztägiges Rock-Open-
Air am Monatsende im Konstanzer Stadi-
on *(Koko Entertainment | www.koko.de)*.

▶ INSIDER TIPP *Slow up:* An einem
Sonntag werden rund 40 km Straßen
am See und im Hinterland für Autos
gesperrt – und gehören dann Radlern
und Skatern. An der Strecke gibt es
ein buntes Rahmenprogramm *(www.
slowup-euregiobodensee.ch)*.

SEPTEMBER

▶ *Bodensee-Weinfest* in Meersburg (drei
Tage): nur eines von vielen Wein- und Su-
serfesten im Herbst

DEZEMBER

▶ *Weihnachtsmärkte:* der größte in
Konstanz mit über 160 Buden zwischen
Altstadt und Hafen. Stimmungsvoll u. a.
die „Märlistadt" in Stein am Rhein und
die Hafenweihnacht in Lindau

ICH WAR SCHON DA!

Drei User aus der MARCO POLO Community verraten ihre Lieblingsplätze und ihre schönsten Erlebnisse

STEIN AM RHEIN

Die prächtigen und farbenfrohen Fassaden der Altstadt von Stein am Rhein laden geradezu zum Bummeln ein. Vor allem Freunde des Kunsthandwerks werden nicht mit leeren Händen (und Taschen) nach Hause gehen. Mein persönlicher Favorit ist der Unikat-Laden am Chirchhofplatz 2 (www.unikat-laden.ch) – die vier Künstlerinnen präsentieren Keramiken jeglicher Fasson zu moderaten Preisen. Sodass bestimmt noch ein paar Groschen für ein Schümli und eine Torte im Café Späth im Haus „Zur Hoffnung" (www.cafe-spaeth.ch) am Rathausplatz übrig bleiben. **Sofaprinzessin aus Dornstetten**

LINDAUER HAFEN

Ein idealer Ort für einen erholsamen Nachmittag ist für mich der Lindauer Hafen. Unbedingt sollte man an der Promenade entlangschlendern oder den schönen Blick von Bord der zahlreichen Schiffe genießen. Im Sommer ist auch das großzügige Naturbad direkt neben der Hafenmauer verlockend. **NJA aus Starzach**

ENTSPANNUNG PUR

Wenn ich dem Alltag entfliehen will, quartiere ich mich im Burgunderhof in Hagnau ein (Am Sonnenbühl 70). Von der Hotelterrasse hat man einen traumhaften Blick auf den See. Und im angeschlossenen Weingut lässt sich Heiner Renn gerne über die Schulter schauen. **BurgerQueen1979 aus Ostfildern**

Haben auch Sie etwas Besonderes erlebt oder einen Lieblingsplatz gefunden? Schreiben Sie an unsere SMS-Hotline 0163 6 39 50 20 oder an info@marcopolo.de

EIGENE NOTIZEN

LINKS, BLOGS, APPS & MORE

LINKS

▶ mp.marcopolo.de/bod1 Fast alles, was am und über den Bodensee geschrieben wurde, findet sich hier. Insgesamt verzeichnet die Bodensee-Datenbank 85 000 Titel von 1900 bis heute. Viele von ihnen sind in einer der vielen Büchereien am See erhältlich, die meisten finden Sie in der Bodenseesammlung der Konstanzer Uni-Bibliothek

▶ www.suedkurier.de Nicht wenige einheimische Leser verbindet eine Hassliebe mit ihrem Lokalblatt. Wer sich für aktuelle Ereignisse am See interessiert, ist hier dennoch richtig. Suedkurier.de gehört zu den erfolgreichsten Internetauftritten deutscher Regionalzeitungen

▶ www.marcopolo.de/bodensee Alles auf einen Blick zum Bodensee: interaktive Karten inklusive Planungsfunktion, Impressionen aus der Community, aktuelle News und Angebote ...

BLOGS & FOREN

▶ www.bodenseeblog.de Gäste und Gastgeber sollen sich informieren und ihre Meinung sagen – auch sich gegenseitig

▶ www.bodensee-stiftung.org/blog Die Bodensee-Stiftung gehört zu renommiertesten und anerkannten Naturschutz-Institutionen der Region. In ihrem Blog gestatten die Mitarbeiter einen Blick hinter die Kulissen

▶ www.bodenseepeter.de Tourismusunternehmer Peter Eich nimmt Sie mit auf seine Reisen am Bodensee oder in die ferne Welt. Er gehört zu den Großen in der deutschen Radtourismus-Branche. Hier schildert er vor allem persönliche Eindrücke – und geht auch kritisch mit der eigenen Branche um

▶ www.bodensee-schifferpatent. net Gebrauchtes Segel zu verkaufen? Treibholz im Wasser? Wann ist der nächste Segelkurs für Kinder? Eine Segelschule lässt Hobbyskipper an ihren Aktivitäten teilhaben

Egal, ob Sie sich vorbereiten auf Ihre Reise oder vor Ort sind: Mit diesen Adressen finden Sie noch mehr Informationen, Videos und Netzwerke, die Ihren Urlaub bereichern. Da manche Adressen extrem lang sind, führt Sie der kürzere mp.marcopolo.de-Code direkt auf die beschriebenen Websites

VIDEOS

▶ mp.marcopolo.de/bod2 Videos vom Bodensee, hübsch geordnet auf einer Landkarte

▶ mp.marcopolo.de/bod3 Aktuelles vom Bodensee in bewegten Bildern liefert der Regionalsender „Regio-TV"

▶ mp.marcopolo.de/bod4 Das Videoarchiv der Bregenzer Festspiele liefert in kleinen Portionen einen Vorgeschmack auf das Spektakel auf der Seebühne – oder verschafft jenen, die nur einen Blick auf die leere Bühne werfen können, einen Eindruck von der großen Oper auf dem Wasser

APPS

▶ Ferienwohnung-App Schwäbischer Bodensee Wer eine Ferienwohnung oder ein Apartment in der Region sucht, kann sich kostenlos diese App herunterladen

▶ Bodensee App Zehn Radtouren samt Kurzbeschreibung und Karte mit Höhenlinien – für alle jene, die der alten Faltkarte, Wegweisern oder einfach ihrer Nase nicht trauen. Wo wird es steil, wo geht es lang, was ist zu sehen?

▶ Konstanz-App Für das iPhone und andere Smartphones spendiert die Konstanzer Touristinfo diese kostenlose App. Sie verrät nicht nur, wie das Wetter wird – sondern zeigt abhängig vom Standort die nächstliegenden Attraktionen, Hotels und Restaurants an

NETWORK

▶ mp.marcopolo.de/bod7 Über 70 000 Follower tragen hier alles zusammen, was mit dem Bodensee zu tun hat: vom Urlaubsfoto über den Auflugstipp bis zu mehr oder weniger interessanten Nebensächlichkeiten

▶ twitter.com/bodenseewetter Wie wird das Wetter am Bodensee? Ein passionierter Hobby-Meteorologe twittert über Wind, Sonne und Wasserzustand am Bodensee

▶ mp.marcopolo.de/bod8 Finden Sie in Ihrem Bekanntenkreis niemand, der sich gerne Ihre Blumenfotos von der Insel Mainau anschaut? Hier können Sie die Bilder ungehemmt hochladen und anderen Mainau-Fans präsentieren

PRAKTISCHE HINWEISE

ANREISE

  Der Bodensee ist aus allen Richtungen über Autobahnen und die Fernverbindungen der Bahn (Fernbahnhöfe in Konstanz, Friedrichshafen, Lindau und Singen) gut erreichbar.

Am Bodensee selbst gibt es in der Hauptsaison oft Staus, besonders auf den Landstraßen rund um den See und gelegentlich noch an den Grenzübergängen. Von Konstanz nach Lindau z. B. benötigen aber auch Bahnreisende mindestens 75 Minuten.

Wer mit dem Flugzeug anreist, kann bis Stuttgart fliegen. Näher liegen die Flughäfen Friedrichshafen und Zürich (Bahnverbindung nach Konstanz).

GRÜN & FAIR REISEN

Auf Reisen können auch Sie mit einfachen Mitteln viel bewirken. Behalten Sie nicht nur die CO_2-Bilanz für Hin- und Rückflug im Hinterkopf *(www.atmosfair.de)*, sondern achten und schützen Sie auch nachhaltig Natur und Kultur im Reiseland *(www. gate-tourismus.de; www.zukunft-reisen.de; www.ecotrans.de)*. Gerade als Tourist ist es wichtig, auf Aspekte zu achten wie Naturschutz *(www. nabu.de; www.wwf.de)*, regionale Produkte, Fahrradfahren (statt Autofahren), Wassersparen und vieles mehr. Wenn Sie mehr über ökologischen Tourismus erfahren wollen: europaweit *www.oete.de*; weltweit *www.germanwatch.org*

AUSKUNFT

INTERNATIONALE BODENSEE TOURISMUS GMBH
Hafenstr. 6 | 78462 Konstanz | Tel. 07531 90 94 90 | www.bodensee.eu

AUTO

In Deutschland gibt es keine Straßengebühren. Höchstgeschwindigkeiten: innerorts 50 km/h, auf Landstraßen 100 km/h. Autobahn Richtgeschwindigkeit 130 km/h, kein generelles Limit. Promillegrenze: 0,5.

In Österreich sind Autobahnen und Schnellstraßen gebührenpflichtig. Die Vignette („Pickerl") ist in Vorarlberg auf der Rheintal-Autobahn (A 14) und der Arlberg-Schnellstraße (S 16) Pflicht. Für Urlauber gibt es eine Zehntagesvignette (7,60 Euro), eine Zweimonatsvignette (22 Euro) und die Jahresvignette (72,60 Euro). Höchstgeschwindigkeiten: innerorts 50 km/h, Landstraße 100 km/h, Autobahn 130 km/h (22–5 Uhr 110 km/h). Promillegrenze: 0,5.

Die Autobahnen in der Schweiz sind gebührenpflichtig. Die Vignette gilt ein Jahr (40 Franken). Wer nur wenig in die Schweiz will, kann auf die Landstraßen ausweichen. Höchstgeschwindigkeiten: innerorts 50 km/h, Landstraße 80 km/h, Autobahn 120 km/h. Promillegrenze: 0,5. Die Vignetten können Sie an den Grenzen, an Tankstellen und bei Automobilclubs kaufen, die Schweizer Vignette auch bei der deutschen Post. In der Schweiz (und auch in Österreich) ist das **INSIDER TIPP** Benzin wesentlich billiger als in Deutschland. Daher gibt es einen regen Tanktourismus über die Grenze.

Von Anreise bis Zoll

Urlaub von Anfang bis Ende: die wichtigsten Adressen und Informationen für Ihre Bodensee-Reise

AUTOFÄHREN

Die *Bodensee-Schiffsbetriebe* fahren auf der Linie *Friedrichshafen–Romanshorn.* Für die Strecke von 12,5 km benötigt die Fähre 45 Minuten (ganzjährig im Stundentakt, nachts kein Betrieb). Die Fährlinie *Konstanz–Meersburg* wird von den *Konstanzer Stadtwerken* betrieben: Die 4,5 km lange Überfahrt dauert eine Viertelstunde. Bis zu sechs Fähren pendeln hin und her. In Spitzenzeiten im Dauerbetrieb, INSIDER TIPP nachts durchgehend im Stundentakt. Auf der Fähre „Tabor" kann man dem Kapitän durch den verglasten Führerstand über die Schulter schauen.

CAMPING

Die Ausstattung der über 60 Campingplätze rund um den See reicht von einfach bis komfortabel. Bei der *Internationalen Bodensee Tourismus GmbH (s. Auskunft)* ist ein Campingführer für den Bodensee erhältlich.

Besonders umweltfreundlich sind die mit dem Label ☺ „Ecocamping" ausgezeichneten Plätze. Die Idee für den ökologisch orientierten Betrieb eines Campingplatzes ging von einem kleinen Unternehmen in Konstanz aus. Inzwischen gibt es rund zehn zertifizierte Plätze am Bodensee. *www.ecocamping.net*

ERLEBNISKARTE

Mit der *Bodensee-Erlebniskarte* stehen einem die Türen von über 180 Attraktionen und Sehenswürdigkeiten am See offen – ohne dafür noch einmal zu zahlen. Die Karte ist eine der besten und erfolgreichsten Tourismusideen der vergangenen Jahre. Denn bei den z. T. hohen Eintrittspreisen hat sie sich bereits nach ein paar Ausflügen gerechnet.

Die Erlebniskarte gibt es in drei Ausführungen: für *Landratten* ohne Schifffahrt, für *Seebären* inklusive der Weißen Flotte und für *Sparfüchse,* bei der allerdings einige große Attraktionen nur einen Preisabschlag von 30 Prozent einräumen. Der Haken: Die Insel Mainau als Topziel macht nicht mit und gewährt nur bei der Sparfuchsversion den üblichen Abschlag. Grund für das komplizierte System sind Streitigkeiten der Tourismusbetriebe. Die Karte für Landratten kostet für 3, 7 oder 14 Tage: 39, 49 und 59 Euro, die Seebärenversion 69, 90 und 123 Euro und für die Sparfuchsvariante für 7 Tage 72 Euro. Erhältlich ist sie bei den Touristinformationen und bei vielen Attraktionen vor Ort.

HAUSTIERE

Obwohl die Schweiz nicht zur EU gehört, gelten für die Einreise mit Hund oder Katze dieselben Bestimmungen. Sie müssen einen Heimtierpass haben, Mikrochip oder Tätowierung tragen und gegen Tollwut geimpft sein. Besondere Bestimmungen gelten im Kanton Thurgau. „Potenziell gefährliche Hunde" dürfen hier nur mit Leine und Maulkorb ausgeführt werden und maximal 30 Tage bleiben. Dies gilt für 14 Rassen.

INTERNET

Auf *www.bodenseeferien.de* gibt es alles rund um den See: Mit wenigen Mausklicks sind Informationen zu einzelnen Gemeinden und besonderen

Interessengebieten abrufbar; auf *www. bodenseemuseen.org* werden alle Museen der Region präsentiert; *www. bodensee-stiftung.de* ist die Organisation der Umwelt- und Naturschutzverbände am See. Weitere nützliche Seiten: *www. bodensee.eu*, *www.webcam-bodensee. de*, *www.bodensee-radweg.com*, *www. regatta-bodensee.com*

JUGENDHERBERGEN

Rund um den See gibt es 15 Jugendherbergen, die teilweise sehr schön liegen und gut ausgestattet sind. Ausführliche Informationen geben die Herbergswerke. *Deutschland: Tel. 05231 74010 | www. djh.de; Schweiz: Tel. 044 360 1414 |* *www.youthhostel.ch; Österreich: Tel. 01 5 33 53 53 |www.oejhv.or.at*

KLIMA & REISEZEIT

Die Urlaubssaison beginnt am Bodensee an den Pfingsttagen, bei schönem Wetter schon an Ostern. Je nach Wetter dauert sie bis Oktober. Am See ist es generell wärmer als an den meisten anderen Orten Deutschlands. Allerdings kann es auch mal länger regnen. Im Herbst und Winter hat der Bodensee eine eigene Atmosphäre, geprägt von Nebel und Ruhe. Stürme können unangenehm stark werden und vor allem auf dem Obersee spürbare Wellen erzeugen. Im Winter ist dicker Dauerschnee selten.

WETTER IN FRIEDRICHSHAFEN

	Jan.	Feb.	März.	April	Mai	Juni	Juli	Aug.	Sept.	Okt.	Nov.	Dez.
Tagestemperaturen in °C	2	4	9	14	19	22	24	23	20	13	7	3
Nachttemperaturen in °C	−4	−3	0	4	8	12	13	13	10	6	2	−2
Sonnenschein Stunden/Tag	2	3	4	5	6	8	8	7	6	3	2	1
Niederschlag Tage/Monat	10	10	8	10	11	13	13	12	10	9	10	10
Wassertemperaturen in °C	5	4	4	6	11	16	18	18	16	12	9	6

PRAKTISCHE HINWEISE

NOTRUFE

Deutschland: Polizei 110 | Feuerwehr 112
Österreich: Polizei 133 | Feuerwehr 122 |
Rettung 144
Schweiz: Polizei 117 | Feuerwehr 118 | Rettung 144

ÖFFENTLICHE VERKEHRSMITTEL

70 öffentliche Transportunternehmen mit einem Streckennetz von insgesamt 7000 km bieten die *Tageskarte Euregio Bodensee* an. Sie gilt für Bus, Bahn und Fähre, auch grenzüberschreitend. Das erschlossene Gebiet reicht vom Rheinfall bis an den Arlberg, von Aulendorf bis Bad Ragaz und ist in vier Zonen aufgeteilt. Die Tageskarte kann für eine Zone (15 Euro), zwei Zonen (20 Euro) oder für vier Zonen (28 Euro) gelöst werden (auch für Kinder und Kleingruppen). *www.euregiokarte.com*

PREISE & WÄHRUNG

Der Bodensee ist ein relativ teures Reiseziel, allerdings variieren die Preise sehr stark. Wer seinen Kaffee direkt am See trinken möchte, muss tiefer in die Tasche greifen als im Hinterland. Ähnliches gilt auch für Hotels. Die Preise in der Schweiz sind noch etwas höher. In der Schweiz können Sie überall mit Euro bezahlen, ebenso nimmt man in den deutschen und österreichischen Grenzgebieten allerorten Schweizer Franken.

TELEFON

Die nationalen Vorwahlen lauten: *Deutschland +49 | Schweiz +41 | Österreich +43.* In der Schweiz muss auch bei Ortsgesprächen die Ortsvorwahl mitgewählt werden.

ZOLL

Der Bodensee ist eine Grenzregion. Es gibt deshalb Kontrollen, auch abseits der Übergänge. Auch wenn zwischen den EU-Staaten Deutschland und Österreich die Grenzstellen nicht mehr besetzt sind, sollte der Personalausweis in der Tasche sein. Das Nicht-EU-Mitglied Schweiz gehört inzwischen zwar zum Schengen-Raum, doch abgeschafft sind nur die Personenkontrollen an der Grenze. Der Warenverkehr wird dort vom Zoll weiter beobachtet. Zudem muss man sowohl an der Grenze als auch im Hinterland mit überraschenden Personenkontrollen rechnen.

Innerhalb der EU muss die ein- geführte Warenmenge dem Eigenbedarf entsprechen. Von der Schweiz nach Deutschland darf man zollfrei einführen z. B. 2 l Wein oder 1 l Spirituosen, 200 Zigaretten oder 250 g Tabak, 50 g Parfüm, 250 ml Eau de Toilette.

WAS KOSTET WIE VIEL?

Wein	ab 5,40 Euro *für eine Flasche Bodenseewein Müller-Thurgau*
Tretboot	8 Euro *für 1 Stunde*
Obst	1,50 Euro *für 1 kg Bodenseeäpfel*
Strandbad	1,40–4 Euro *für die Tageskarte*
Fisch	2,30 Euro *für 100 g geräuchertes Felchenfilet*
Fähre	2,50 Euro *Konstanz–Meersburg (einfache Fahrt)*

REISEATLAS

Die grüne Linie ▬▬▬ zeichnet den Verlauf der Ausflüge & Touren nach
Die blaue Linie ▬▬▬ zeichnet den Verlauf der Perfekten Route nach

Der Gesamtverlauf aller Touren ist auch in
der herausnehmbaren Faltkarte eingetragen

Bild: Bootsanleger in Überlingen

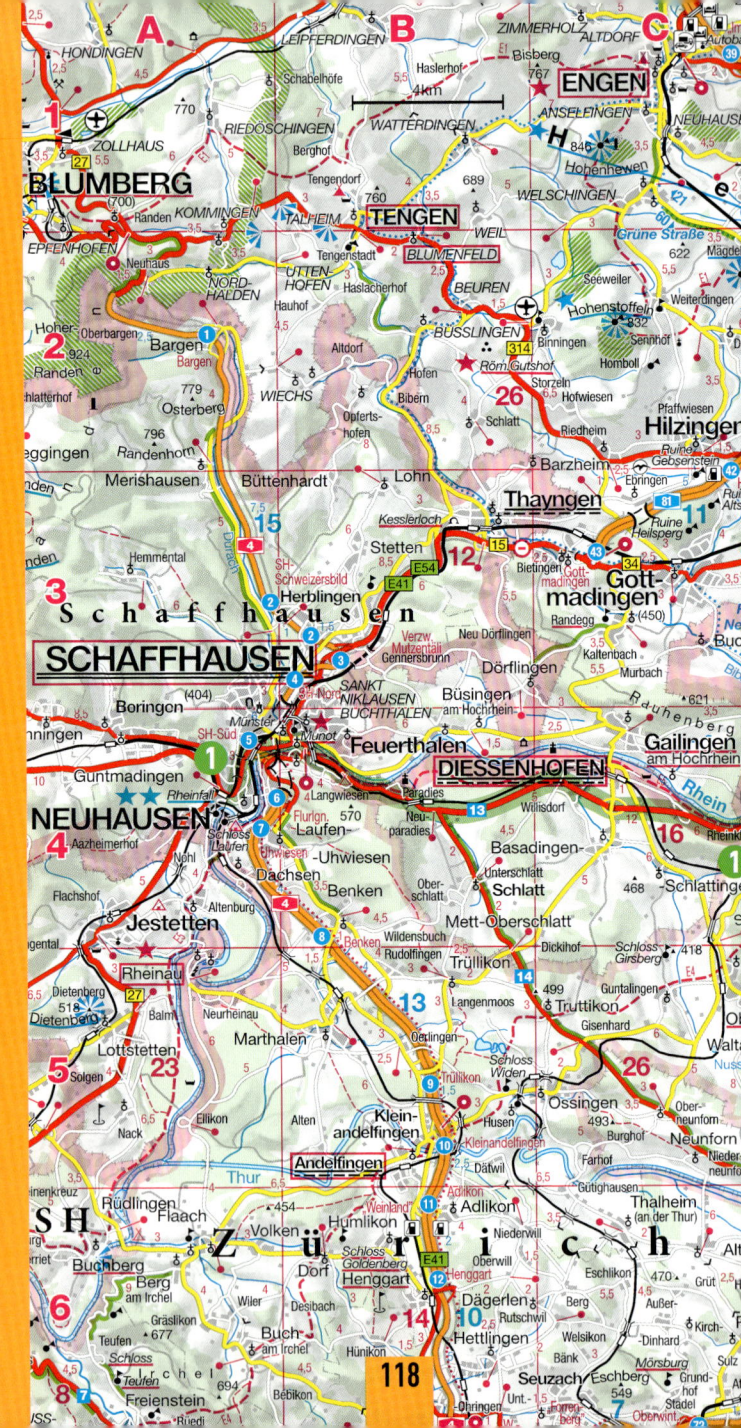

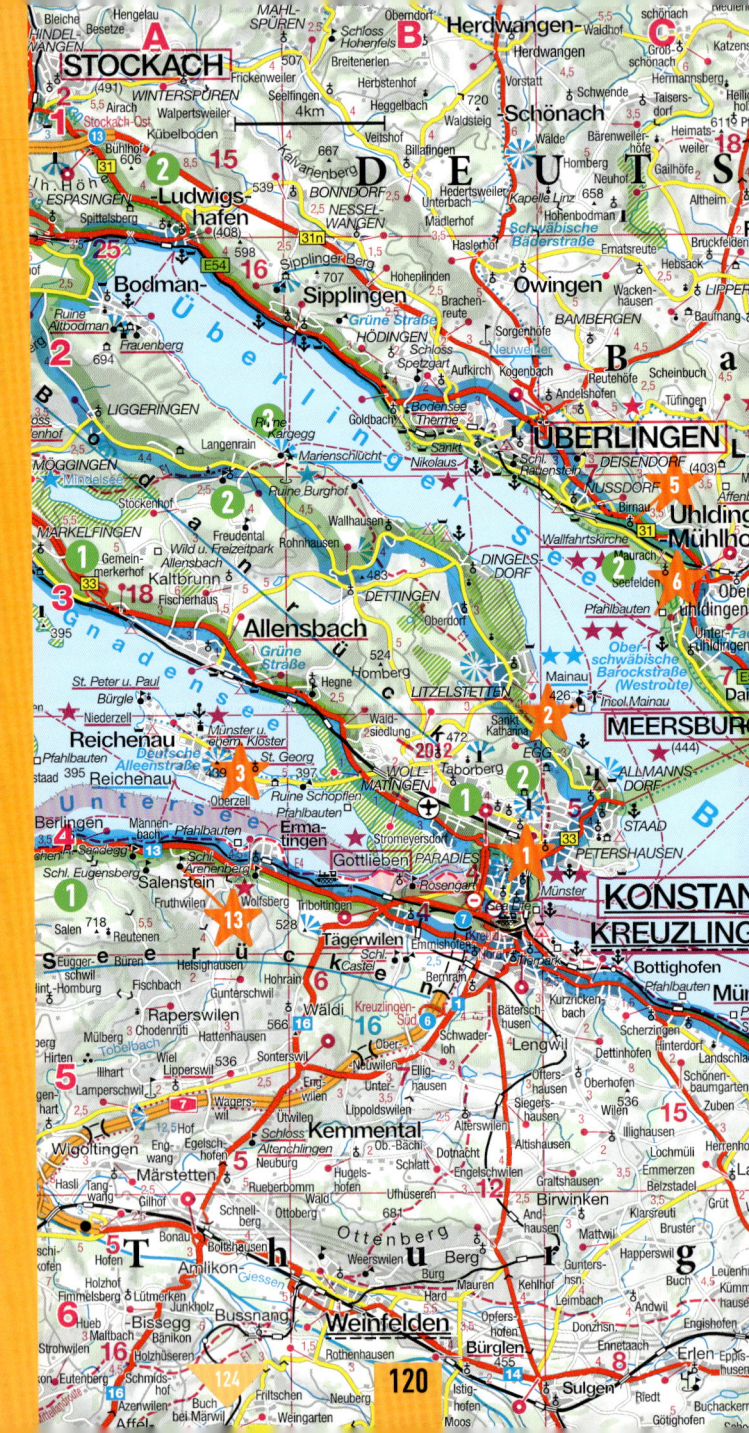

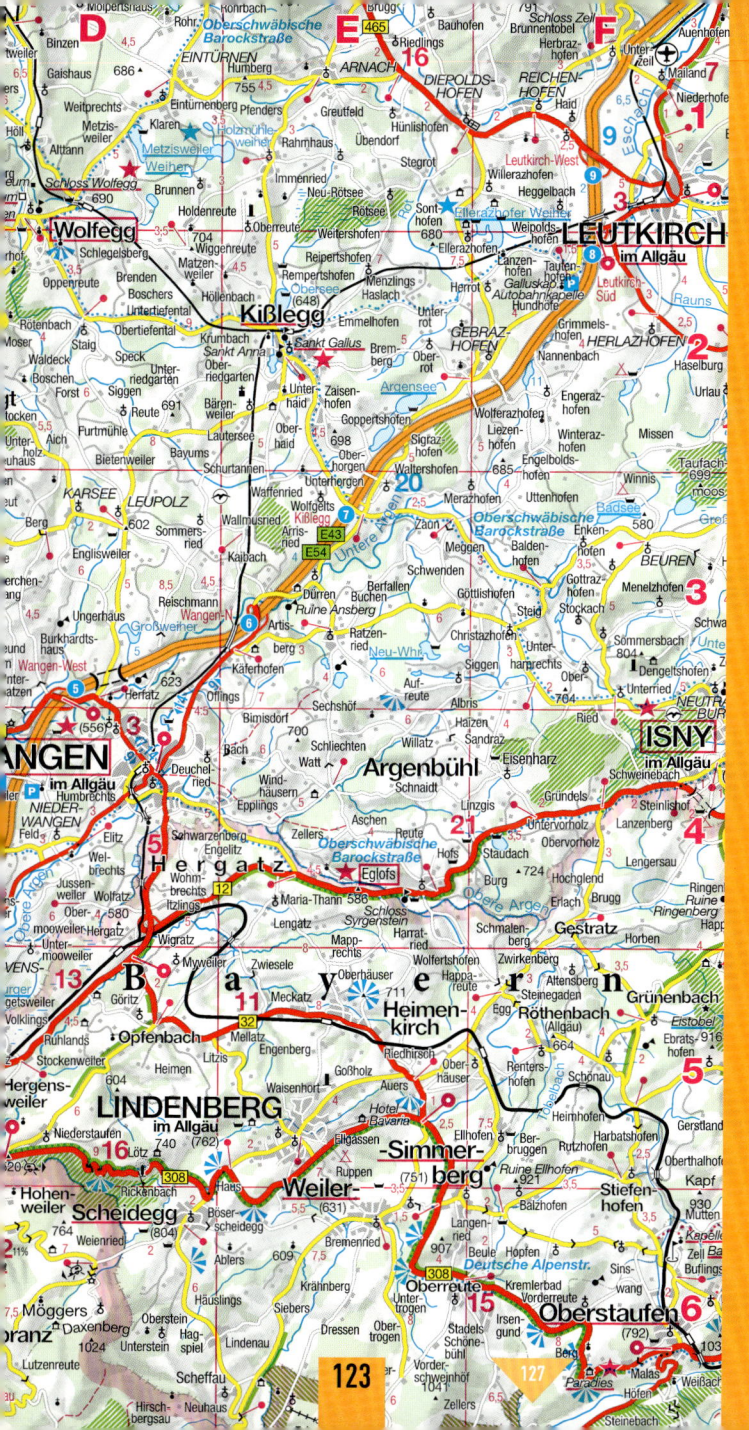

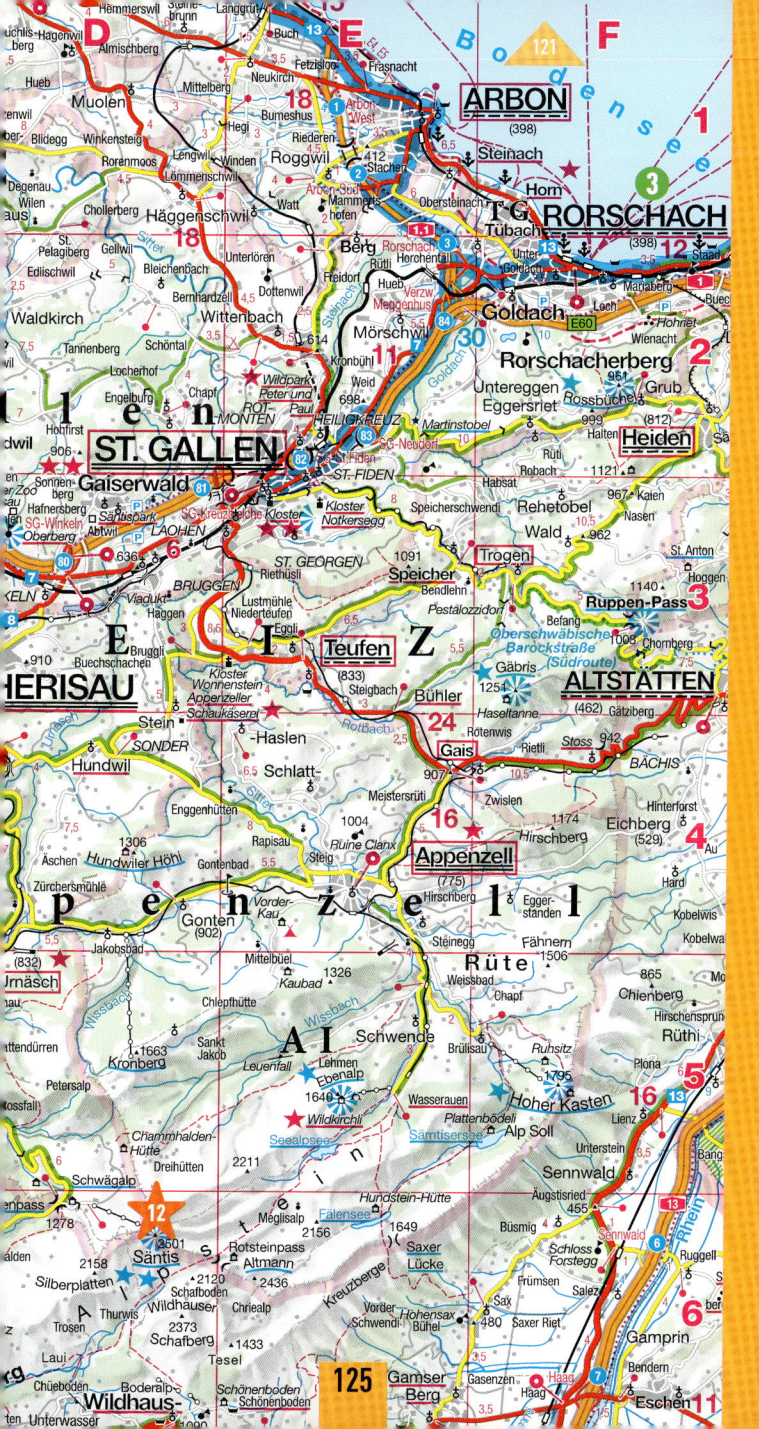

KARTENLEGENDE

Autobahn · Gebührenpflichtige Anschlussstelle · Gebührenstelle · Anschlussstelle mit Nummer · Rasthaus mit Übernachtung · Raststätte · Kleinraststätte · Tankstelle · Parkplatz mit und ohne WC		Motorway · Toll junction · Toll station · Junction with number · Motel · Restaurant · Snackbar · Filling-station · Parking place with and without WC
Autobahn in Bau und geplant mit Datum der Verkehrsübergabe		Motorway under construction and projected with completion date
Zweibahnige Straße (4-spurig)		Dual carriageway (4 lanes)
Fernverkehrsstraße · Straßennummern		Trunk road · Road numbers
Wichtige Hauptstraße		Important main road
Hauptstraße · Tunnel · Brücke		Main road · Tunnel · Bridge
Nebenstraßen		Minor roads
Fahrweg · Fußweg		Track · Footpath
Wanderweg (Auswahl)		Tourist footpath (selection)
Eisenbahn mit Fernverkehr		Main line railway
Zahnradbahn, Standseilbahn		Rack-railway, funicular
Kabinenschwebebahn · Sessellift		Aerial cableway · Chair-lift
Autofähre · Personenfähre		Car ferry · Passenger ferry
Schifffahrtslinie		Shipping route
Naturschutzgebiet · Sperrgebiet		Nature reserve · Prohibited area
Nationalpark, Naturpark · Wald		National park, natural park · Forest
Straße für Kfz. gesperrt		Road closed to motor vehicles
Straße mit Gebühr		Toll road
Straße mit Wintersperre		Road closed in winter
Straße für Wohnanhänger gesperrt bzw. nicht empfehlenswert		Road closed or not recommended for caravans
Touristenstraße · Pass		Tourist route · Pass
Schöner Ausblick · Rundblick · Landschaftlich bes. schöne Strecke		Scenic view · Panoramic view · Route with beautiful scenery
Heilbad · Schwimmbad		Spa · Swimming pool
Jugendherberge · Campingplatz		Youth hostel · Camping site
Golfplatz · Sprungschanze		Golf-course · Ski jump
Kirche im Ort, freistehend · Kapelle		Church · Chapel
Kloster · Klosterruine		Monastery · Monastery ruin
Synagoge · Moschee		Synagogue · Mosque
Schloss, Burg · Schloss-, Burgruine		Palace, castle · Ruin
Turm · Funk-, Fernsehturm		Tower · Radio-, TV-tower
Leuchtturm · Kraftwerk		Lighthouse · Power station
Wasserfall · Schleuse		Waterfall · Lock
Bauwerk · Marktplatz, Areal		Important building · Market place, area
Ausgrabungs- u. Ruinenstätte · Bergwerk		Arch. excavation, ruins · Mine
Dolmen · Menhir · Nuraghen		Dolmen · Menhir · Nuraghe
Hünen-, Hügelgrab · Soldatenfriedhof		Cairn · Military cemetery
Hotel, Gasthaus, Berghütte · Höhle		Hotel, inn, refuge · Cave

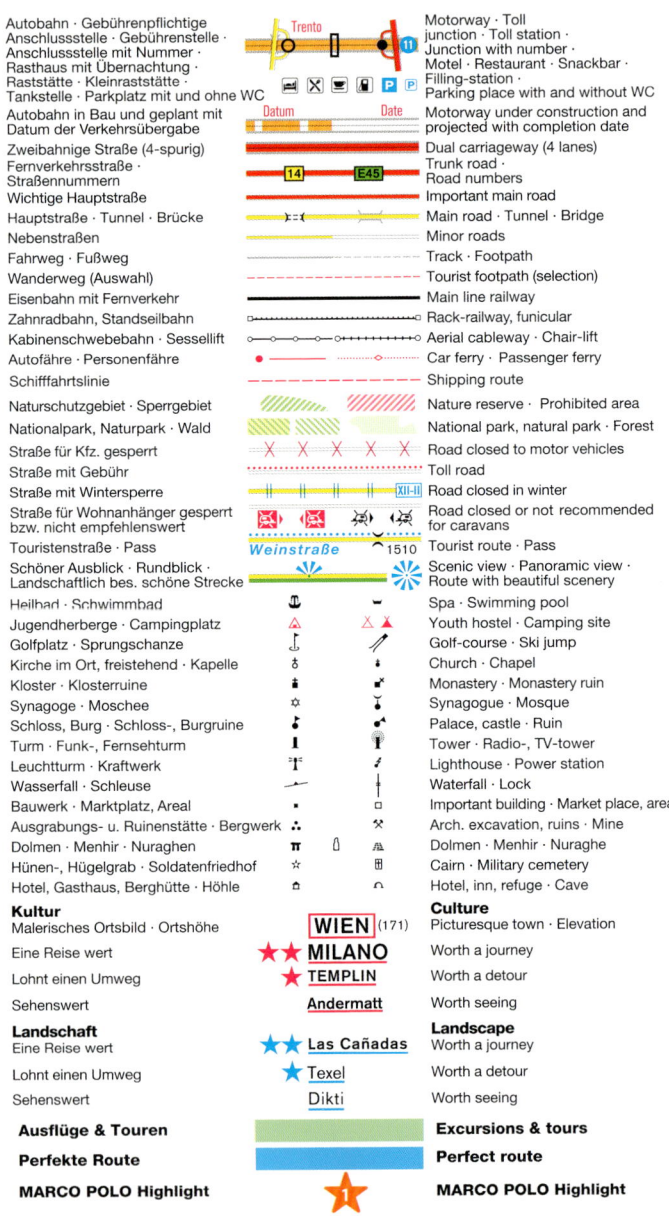

Kultur		**Culture**
Malerisches Ortsbild · Ortshöhe	WIEN (171)	Picturesque town · Elevation
Eine Reise wert	MILANO	Worth a journey
Lohnt einen Umweg	TEMPLIN	Worth a detour
Sehenswert	Andermatt	Worth seeing
Landschaft		**Landscape**
Eine Reise wert	Las Cañadas	Worth a journey
Lohnt einen Umweg	Texel	Worth a detour
Sehenswert	Dikti	Worth seeing
Ausflüge & Touren		**Excursions & tours**
Perfekte Route		**Perfect route**
MARCO POLO Highlight		**MARCO POLO Highlight**

ALLE **MARCO POLO** REISEFÜHRER

REGISTER

In diesem Register sind alle in diesem Reiseführer erwähnten Orte und Ausflugsziele aufgeführt. Gefettete Seitenzahlen verweisen auf den Haupteintrag.

SCHREIBEN SIE UNS!

SMS-Hotline: 0163 6 39 50 20

E-Mail: info@marcopolo.de

Egal, was Ihnen Tolles im Urlaub begegnet oder Ihnen auf der Seele brennt, lassen Sie es uns wissen! Ob Lob, Kritik oder Ihr ganz persönlicher Tipp – die MARCO POLO Redaktion freut sich auf Ihre Infos.

Wir setzen alles dran, Ihnen möglichst aktuelle Informationen mit auf die Reise zu geben. Dennoch schleichen sich manchmal Fehler ein – trotz gründlicher Recherche unserer Autoren/innen. Sie haben sicherlich Verständnis, dass der Verlag dafür keine Haftung übernehmen kann. Kontaktieren Sie uns per SMS, E-Mail oder Post!

MARCO POLO Redaktion
MAIRDUMONT
Postfach 31 51
73751 Ostfildern

IMPRESSUM

Titelbild: Immenstadt, Segelboot (Laif: Hänel)

Fotos: F. van Bebber, M. Keller-Ullrich (1 u.); Biketech AG/www.flyer.ch (17 u.); W. Dieterich (2 M.o., 2 M.u., 7, 12/13, 23, 27, 28, 32/33, 34, 46, 50 59, 62, 64, 69, 84,89, 91, 92/93, 94, 96, 98/99, 100, 110 o., 110 u.); DuMont Bildarchiv: Kiedrowski (2 o., 5, 18/19, 28/29, 29, 39, 53, 106/107, 107), Krüger (Klappe r., 43, 57, 86); Freesoloclimbing (16 M.); Huber: Kaos (36), Radelt (3 u., 82/83), Schmid (10/11, 26 l., 66/67, 116/117), Stadler (111), Kreativhotel GmbH (17 o.); Laif: Brunner (4, 6), Frommann (8), Hänel (1 o., 65), Raach (20, 30 o., 30 u., 40/41, 45, 54, 73, 101), Zuder (104); Look: Boyny (3 o., 60/61), Lohmann (106), Pompe (15), Quadriga Images (102/103); mauritius images: Bridge (2 u., 48/49), BY (3 M., 74/75, 81), Walser (105), Widmann (26 r., 97); mauritius images/imagebroker: Arendt (9), Keller (55), Kreder (Klappe l., 24/25, 70), STELLA (78), Streit (90); Raiffeisen Schweiz (16 o.); Heiko Reiser (16 u.); vario images: imagebroker (76)

13. Auflage 2012

Komplett überarbeitet und neu gestaltet

© MAIRDUMONT GmbH & Co. KG, Ostfildern

Chefredaktion: Michaela Lienemann (Konzept, Chefin vom Dienst), Marion Zorn (Konzept, Textchefin)

Autoren: Frank van Bebber, Martina Keller-Ullrich; Redaktion: Arnd M. Schuppius

Verlagsredaktion: Ann-Katrin Kutzner, Nikolai Michaelis, Silwen Randebrock

Bildredaktion: Gabriele Forst, Barbara Schmid

Im Trend: wunder media, München; Kartografie Reiseatlas: © MAIRDUMONT, Ostfildern;

Kartografie Faltkarte: © MAIRDUMONT, Ostfildern

Innengestaltung: milchhof: atelier, Berlin; Titel, S. 1, Titel Faltkarte: factor product münchen

Sprachführer: in Zusammenarbeit mit Ernst Klett Sprachen GmbH, Stuttgart, Redaktion PONS Wörterbücher

Printed in Germany. Gedruckt auf 100% chlorfrei gebleichtem Papier

BLOSS NICHT

Achten Sie auf die Launen des Sees wie auf die der Einheimischen

BADEN UND SCHWABEN VERWECHSELN

Zwar ist Baden-Württemberg seit über 50 Jahren ein Bundesland, doch die Menschen verstehen sich weiter als Badener und Schwaben. Verwechslungen werden empört zurückgewiesen. So spricht am badischen Ufer niemand vom Bodensee als „Schwäbischem Meer". Für völlig richtig hält der badische Konstanzer dagegen, dass es auf Englisch „Lake Constance" und auf Französisch „Lac du Constance" heißt.

STURMWARNUNGEN IGNORIEREN

Der friedliche Anblick des Bodensees an schönen Tagen kann trügen. Unwetter können heftig werden. Zwar fragt man sich manchmal, warum die Sturmwarnlichter blinken, doch unerfahrene Bodenseeskipper sollten auf sie achten. Die orangefarbenen Leuchten stehen am Ufer. Eine Starkwindwarnung kündigt die Gefahr von Wind der Stärken 6 bis 8 an: Das Blinklicht leuchtet pro Minute ca. 40-mal auf. Bei einer Sturmwarnung blinkt es pro Minute ca. 90-mal. Dann besteht die Gefahr von Wind der Stärke 8 und mehr.

UNBEDACHT TELEFONIEREN

Die Handynetze halten sich nicht an Grenzen. Am Bodensee wählen Handys oft in das Netz des Nachbarlands ein. Wer nicht aufpasst, telefoniert zu teuren Weiterleitungsgebühren. Um sicher im Heimatnetz zu bleiben, müssen Sie die automatische Netzwahl ausstellen.

DIE RHEINSTRÖMUNG UNTERSCHÄTZEN

Wer vor dem Konstanzer Hafen mit dem Ruder- oder Tretboot unterwegs ist, sollte auf zwei Dinge achten: den regen Dampferverkehr und die Rheinströmung. Mancher wundert sich, warum es Richtung Rheinbrücke so leicht vorwärts geht – auf dem Rückweg merkt er, warum: Die Strömung des Rheins ist hier kräftig. Die Einheimischen sitzen am Ufer und amüsieren sich, wenn der Bootsverleiher verzweifelte Ruderer mit dem Motorboot zurückschleppen muss.

IN DER SCHWEIZ RASEN

In der Schweiz ist auf den Landstraßen nur Tempo 80 erlaubt. Außerdem wird häufig kontrolliert. Und weil in der Schweiz alles ein bisschen teurer ist, müssen Verkehrssünder richtig tief in die Tasche greifen: Wer z. B. 15 km/h zu schnell fährt, muss mit einer Buße von 250 Franken rechnen.

DIALEKTE NACHAHMEN

Rund um den Bodensee sprechen die Menschen zahlreiche Dialekte: mal Schweizerdeutsch, mal Badisch, anderswo ist die Sprache bayerisch oder österreichisch gefärbt. Oft klingt das fremd, manchmal niedlich, hier und da unverständlich. Vor einem sollte man sich dennoch hüten: dem Versuch, den jeweiligen Tonfall nachzuahmen. Und glauben Sie: Man merkt es immer. Einzige Ausnahme: Konstanz sollte jeder als Konschtanz aussprechen.